Achtsamkeit und Politik

Peter Döge

Achtsamkeit und Politik

Wie Darwin, ein Schmetterling und Laotse
dazu beitragen können,
Politik besser zu verstehen,
gute Politik zu gestalten und
ein gutes Leben zu leben

Bibliografische Information der Deutschen Nationalbibliothek

Die Deutsche Nationalbibliothek verzeichnet diese Publikation in der Deutschen Nationalbibliografie; detaillierte bibliografische Daten sind im Internet über http://dnb.dnb.de abrufbar.

Zweite, überarbeitete Ausgabe 2017
© Peter Döge

Umschlagsgestaltung: Peter Döge
Lektorat: textarbeit Kassel

Herstellung und Verlag: BoD – Books on Demand, Norderstedt

ISBN: 978-3-7431-9767-1

INHALT

EINLEITUNG: DARWIN, DER SCHMETTERLING UND LAOTSE – EINE DENK-REISE

Der vorliegende Text berichtet von einer politikwissenschaftlichen Denk-Reise, die vor etwa 35 Jahren bei MARX begann und nun bei LAOTSE ein Ende findet. Zwischenstationen der Reise bildeten die Analyse des Zusammenhangs von Politik, Technik und Wissenschaft, des Zusammenhangs von Männlichkeit, Politik und Geschlecht sowie von Politik, Kultur und Normalität. Dabei kreiste die Reise im Wesentlichen immer um die folgenden Fragen: Was ist Politik? Warum ist Politik so wie sie ist? Was ist gute Politik, bzw. wie muss Politik aussehen, damit sie die Welt (wenigstens ein bisschen) besser machen kann?

Die Welt ein bisschen besser machen?

Aber muss man die Welt überhaupt besser machen? Ein Blick auf den Zustand unseres Planeten zu Beginn des Jahres 2016 führt zu einem eindeutigen Ja: Die Zerstörung der natürlichen Lebensräume und mit ihr der Artenvielfalt schreitet ungehindert voran, Kriege gehören in vielen Regionen der Welt immer noch und schon wieder zum Alltag, Millionen von Menschen hungern, sind auf der Flucht, haben keinen Zugang zu Trinkwasser oder sanitären Anlagen, haben keine angemessene Unterkunft. Nach Angaben von UNICEF sterben allein 8.000 Kinder *täglich* an den Folgen von Unterernährung! Dieser Zustand ist vor allem Folge einer schon fast epidemisch um sich greifenden Gewinn-Sucht, begleitet von Gewalthandeln und grassierender Geistlosigkeit – Geistlosigkeit, die sich zum einen in Getrenntheits-Denken, zum anderen in einer wenig ausgeprägten Bereitschaft zum Nachdenken über das Denken ausdrückt. Dies alles führt zu einer Ethik des Mehr-Mehr, Billig-Billig und Ich-Ich, die mittlerweile annähernd sämtliche Lebensbereiche erfasst und schon totalitäre Züge angenommen hat, die gutes Handeln darin sieht, respektlos und ausbeuterisch mit Mensch und Natur umzugehen, die Menschen zu Kostenfaktoren und Natur zu einer leblosen Ressource degradiert.[1]

Die Welt ein bisschen besser machen würde demgegenüber bedeuten, einen ressourcenschonenderen und -sparenden Lebensstil zu pflegen, sich darum zu bemühen, Konflikte zwischen Menschen, Gruppen und Staaten gewaltfrei zu lösen und mehr Bewusstheit über die enge Verwobenheit unser allen Seins in die Politik und ins alltägliche Leben zu bringen. Aber wie soll das geschehen?

Die besten Antworten auf diese Frage sowie auf die Fragen nach dem Wesen und den Bestimmungsfaktoren von Politik, deren Beantwortung für die Grundlegung einer nicht-zerstörerischen politischen Handlungsethik wiederum von äußerst großer Bedeutung sind, habe ich auf meiner Denk-Reise ausgehend von der Begegnung mit MARX vor allem in meinen Begegnungen mit DARWIN und der Evolutionsbiologie, einem Schmetterling, der mir aus den Befunden der Chaostheorie und der Quantenphysik entgegen flatterte, sowie in der Begegnung mit LAOTSE und der daoistischen Philosophie erhalten. DARWIN, der Schmetterling und LAOTSE gaben mir nicht nur befriedigende Antworten auf die eingangs genannten politikwissenschaftlichen Fragen, sondern zudem auch auf die von Immanuel KANT formulierten Grundfragen der Philosophie: *Was kann ich wissen? Was soll ich tun? Was kann ich hoffen? Was ist der Mensch?* sowie auf drei großen metaphysischen Fragen des *Woher* (kommen wir), *Wohin* (gehen wir – nach dem Tod), *Wozu* (gibt es das alles). Mit dem vorliegenden Buch möchte ich meine Antworten auf diese Fragen weitergeben – denn besteht nicht der zentrale Sinn des Lebens im Weiter-Geben von Genen und/oder Memen?

Die Denk-Reise

DARWIN begegnete mir – einmal abgesehen von meinem Schulunterricht – zunächst zu Beginn meines Politikwissenschaft-Studiums bei der Lektüre von Karl MARX. Zu MARX und daran anschließend zur marxistischen Staatstheorie war ich auf der Suche nach einer Antwort auf die Frage gestoßen, warum Politik so ist, wie sie ist, warum sie ausbeuterisch gegen Mensch und Natur ist, warum sie ausbeuterisches Handeln fördert und legitimiert.[2] MARX sah in der DARWIN'schen Theorie die naturgeschichtliche Grundlage seines Ansatzes zur Erklärung der Entwicklung von Gesellschaften: „Sehr bedeutend ist Darwins Schrift und passt mir als naturwissenschaftliche Unterlage des geschichtlichen Klassenkampfes [...]".[3] Wie DARWIN sieht auch MARX alles Seiende als etwas Gewordenes – und damit auch als etwas Veränderbares.[4] In diesem Zugang zur Analyse des Sozialen liegt aus meiner Sicht nach wie vor das besondere Verdienst der MARX'schen Soziologie und Philosophie – sie ist keine Kopfgeburt, sie bindet gesellschaftliche Entwicklung an die Bewegungsgesetze von Materie zurück.

Leider blieb MARX – ganz Kind seiner Zeit und vielleicht auch unbewusst Kind der jüdischen Kultur, der er entstammte – in einem
historischen Teleologismus gefangen, der die gesellschaftliche Entwicklung auf ein bestimmtes Ziel hin orientiert sah: auf den Kommunismus. Kombiniert wurde dieser Geschichtsteleologismus, der die
Vorstellung von einem offenen und niemals endenden Evolutionspro-
zess in der Evolutionstheorie DARWINs fallen lässt, mit einem autoritären Politikmodell, das einer vermeintlichen Avantgarde – der Partei
der Arbeiterklasse – die Führung der Massen in diese verheißungs-
volle Zukunft übertrug. Und für den Fall, dass die Massen nicht wollen und das Proletariat seine historische Mission nicht erkennt, muss
sie eben zum Glück gezwungen werden. In diesem Denkmuster ist
bereits der ganze Unsinn begründet, der dann in den sogenannten
real-sozialistischen Staaten politisch umgesetzt wurde.[5]

Eine zweite Denkfigur von MARX hatte auf den erstens Blick nicht
ganz so dramatische Folgen für die Weltgeschichte, aber sie führte
dazu, dass DARWIN und mit ihm auch der geringste Ansatz einer
evolutionstheoretischen Reflexion menschlichen Handelns und Verhaltens aus den kritischen Sozialwissenschaften verbannt wurde und
bis heute weitgehend verbannt ist. In der 6. FEUERBACH-These kon-
statiert MARX, dass das menschliche Wesen „[…] das Ensemble der
gesellschaftlichen Verhältnisse […]“ sei.[6] Das menschliche Wesen
wird also ausschließlich durch die sozialen und kulturellen Umstände
bestimmt. Es ist von Natur her eine Tabula rasa. Diese Hypothese
von MARX ging im weiteren Verlauf der Geschichte eine ungute
Verbindung mit der sogenannten behavioristischen Psychologie ein,
die sich in den 1920er Jahren entwickelte und menschliches Verhalten ausschließlich als Reaktion auf Umwelt-Impulse betrachtete,
wobei unterstellt wurde, dass gleiche Umstände bei allen Menschen
gleiches Verhalten erzeugen. Im Zuge dieser milieutheoretischen
Verengung der Sozialwissenschaften wurden menschliche Individuen
mehr oder weniger vollständig aus der Analyse politischer Prozesse
verdrängt, und so war in den mir begegnenden Arbeiten der marxistischen Staatstheorie weitgehend nur noch die Rede von Strukturen,
Institutionen, Dispositiven oder Akteursnetzwerken, die den Staat zu
einem kapitalistischen Staat machen und für Ausbeutung von Mensch
und Natur verantwortlich seien. Soziale Prozesse werden verding-
licht, bestenfalls gibt es noch Subjekte, jedoch kein menschliches
Individuum mehr.

Aber auch außerhalb der marxistischen Theorie wurde das Lebende aus dem Sozialen verbannt und so geht Niklas LUHMANN, der die Ent-Menschlichung in der Mainstream-Soziologie aus meiner Sicht auf die Spitze getrieben hat, davon aus, „[…] daß die sozialen Systeme nicht aus psychischen Systemen, geschweige denn aus leibhaftigen Menschen bestehen".[7] Er betrachtet es sogar als eine wesentliche Erkenntnisblockade, wenn Soziologie annimmt, „[…] daß eine Gesellschaft aus konkreten Menschen und aus Beziehungen zwischen Menschen bestehe".[8] Kein Wunder also, dass eine auf diesen Konzepten aufbauende politische Ethik menschenleer und von daher – wie etwa bei RAWLS – eine abgehobene Kopfgeburt ist und bleiben muss.

DARWIN und mit ihm die Evolutionsbiologie sowie -psychologie bringen den Menschen wieder zurück in die Politikwissenschaft und machen Soziologie wieder zu dem, was sie eigentlich ist: die Wissenschaft vom gesellschaftlichen Miteinander lebendiger menschlicher Wesen.[9] DARWIN und die Evolutionsbiologie tragen dazu bei, schlüssig erklären zu können, was Politik ist, warum es überhaupt Politik gibt, warum Menschen immer politische Wesen sind und warum diese Menschen immer wieder ähnliche Handlungsmuster reproduzieren – wie etwa die gegenwärtig zu beobachtende Fremdenfeindlichkeit. Die DARWIN'sche Theorie führt dabei keineswegs – wie fortdauernd unterstellt – zu einem genetischen Determinismus, der Menschen zu Apparaten macht, oder gar zu einer sozial-darwinistischen Ethik. Vielmehr kann – aufbauend auf einem Naturverständnis, das Natur immer als verwobenes, dynamisches Netzwerk versteht, dessen Teil wir sind und mit dem wir Menschen unsere Evolutionsgeschichte teilen – aus der Begegnung mit DARWIN eine politische Handlungsethik entspringen, die sich auf Respekt gegenüber den menschlichen und nicht-menschlichen Mit-Wesen als gleichwertige Schöpfungen des Evolutionsprozesses gründet und die dabei keine Kopfgeburt bleibt.

Ausgehend von einem darwinistisch begründeten Menschenbild und Politikverständnis kann uns der Schmetterling – gemeint sind damit die Befunde der Quantenphysik, deren philosophische Interpretation sowie die Komplexitäts- bzw. Chaostheorie – dann erklären, warum Politik so ist wie sie ist. Der Schmetterling begegnete mir das erste Mal in einem verregneten Sommerurlaub im Altmühltal im Jahr 1999. In einer Buchhandlung in Eichstätt kaufte ich das Buch *Eine kurze Geschichte der Zeit* von Stephen HAWKING. Ich griff zu diesem Buch, da ich mich im Rahmen meiner Analysen staatlicher Forschungs-, Wissenschafts- und Technologiepolitik im Kontext der

Debatte um Nachhaltige Entwicklung sowie im Zusammenhang meiner Arbeiten zur Technikkritik stets mit naturwissenschaftlichen Theorien beschäftigt habe.[10] Das Buch von HAWKING gab mir den Anstoß, hier noch einmal in die Tiefe zu gehen, eine Gastprofessur an der *Technischen Universität Braunschweig* bot mir dazu einen angemessenen Rahmen.

Physik kann allgemein verstanden werden „[...] als die Wissenschaft von der Materie".[11] Auch Menschen sind Materie – Materie mit (Selbst-)Bewusstsein, die Peter CORNING zufolge versucht, den Entwicklungsprozess von Materie sinnvoll zu regulieren.[12] Demzufolge müssen auch für Politik die Ordnungsprinzipien von Materie gelten, wie sie insbesondere von der Quantenphysik seit den 1920er Jahren und der Chaostheorie seit den 1960er Jahren formuliert werden: Unbestimmtheit, Uneindeutigkeit, Verwobenheit. Eine politische Theorie, die sich an den Befunden von Chaostheorie und Quantenphysik orientiert, bietet drei schlüssige Antworten auf die Frage, warum Politik so ist wie sie ist und löst – wie ich in meiner Studie *Politik neu denken* gezeigt habe – alle mechanistischen Vorstellungen von Politik und politischem Handeln auf.[13] Der Schmetterling lenkt den Blick auf Handlungs- und Gruppendynamiken, die jeden politischen Prozess bestimmen. Er macht deutlich, dass sich aus diesen Dynamiken jederzeit Ungeplantes, Ungewolltes und Neues ergeben kann. Kontrolle ist stets eine Illusion, eine zielgenaue politische Planung sozialer Prozesse eine Unmöglichkeit. Der Schmetterling betont dabei weiterhin die Nicht-Trennbarkeit von Subjekt und Objekt: Mensch und Politik, Staat und Gesellschaft sind immer verwoben, das Handeln von Menschen, die alltägliche *Mikropolitik*, erzeugt stets die Probleme, die staatliche Politik bearbeiten muss und lösen soll. Politik ist dem Schmetterling zufolge so wie sie ist, weil die Menschen so handeln wie sie handeln, wobei die Bilder, die sich Menschen bei ihrer Entscheidungsfindung von der Wirklichkeit machen, ein weiterer bedeutender Bestimmungsfaktor von Politik sind.

Kann es in einer derart verwobenen und unbestimmten Welt überhaupt gute Politik geben? LAOTSE und mit ihm die daoistische Philosophie sagen eindeutig *Ja*, denn ihre politische Ethik baut auf einer Metaphysik auf, die wesentliche Befunde der Quantenphysik und der Chaostheorie ebenso enthält wie den prozesshaft-systemisch-kontextualisierenden Denkansatz DARWINS. LAOTSE begegnete mir zum ersten Mal bei der Lektüre von Fritjof CAPRAS *Tao der Physik*. Auch zu diesem Buch war ich vor allem durch meine Arbeiten zur Wissenschafts- und Technikkritik gelangt. Als ich daraufhin zum ersten Mal im *Tao Te King* las, blieb ich am zweiten Vers hängen, in dem ich genau das ausgedrückt fand, was der (Quanten-)Physiker Niels BOHR als *Komplementarität* fasste und was die neue Weltsicht der Physik ausmacht – die Einheit und gegenseitige Bedingtheit von Gegensätzen, eine durchgängige Nicht-Dualität:

> *Wenn auf Erden alle das Schöne als schön erkennen, // so ist dadurch schon das Häßliche gesetzt. // Wenn auf Erden alle das Gute als gut erkennen, // so ist dadurch schon das Nichtgute gesetzt. // Denn Sein und Nichtsein erzeugen einander. // Schwer und Leicht vollenden einander. // Lang und Kurz gestalten einander. // Hoch und Tief verkehren einander. // Stimme und Ton sich vermählen einander.// Vorher und Nachher folgen einander. [...].*[14]

Aber LAOTSE begegnete mir nicht allein, denn etwas später gesellte sich noch BUDDHA dazu. Diesen traf ich, als ich im Jahr 2001 mein Buch *Geschlechterdemokratie als Männlichkeitskritik* abgeschlossen hatte.[15] In der Zeitschrift PSYCHOLOGIE HEUTE las ich einen Überblicksaufsatz zum buddhistischen Konzept der *Achtsamkeit*.[16] Dieses sprach mich sehr an, denn hier fand ich einen Anschluss zu meinem Verständnis von geschlechterdemokratischer Politik bzw. zu meinem Verständnis von Geschlechtergerechtigkeit, das eine durchgängige Aufwertung von Vor- und Fürsorge in allen Bereichen sowie auf allen Ebenen von Gesellschaft und Politik fordert. Vom Konzept der Achtsamkeit ausgehend, beschäftigte ich mich in den folgenden Jahren mit buddhistischen sowie hinduistischen Schriften und gelangte über diese zum ZEN. In der Philosophie des ZEN fand ich zum einen die Nichtdualität des Schmetterlings, zum anderen aber auch LAOTSE wieder.

Hieraus resultierte eine nochmalige intensive Beschäftigung mit der daoistischen Philosophie, wobei sich bei mir mehr und mehr die Überzeugung verstärkte, dass die daoistische Philosophie eine besonders geeignete Grundlage für eine politische Ethik jenseits von Mehr-Mehr, Billig-Billig und Ich-Ich bildet. Denn im Gegensatz zu westlichen politischen Philosophien denkt LAOTSE Mensch, Natur und Kosmos immer als einen untrennbaren Zusammenhang. Das SEIN – die Gesamtheit aller Dinge und Wesen – ist ein verwobenes und dynamisches Ganzes. Gute Politik ist Politik, die sich an den Ordnungsprinzipien dieses SEINS ausrichtet. Dies ist aber nur dann möglich, wenn der (politisch) handelnde Mensch seine Körper- und Geisteskräfte durch Achtsamkeitspraxis entsprechend schult.

Aus den Begegnungen mit DARWIN, dem Schmetterling und LAOTSE sowie vor dem Hintergrund meiner langjährigen Erfahrungen in der Politik- und Organisationsberatung konnten nun drei Bausteine für gute Politik formuliert werden: systemisches Denken, dialogisches Kommunizieren und Achtsamkeit im Handeln. Systemisch denken bedeutet, sich immer in einem dynamischen Geflecht von Wechselbeziehungen zu anderen Menschen und zur natürlichen Umwelt zu denken. Dialogisch kommunizieren bedeutet, die unterschiedlichen Bedeutungsdimensionen von Begriffen sowie unterschiedliche Denkmuster und Wirklichkeitsdeutungen zu klären, zu reflektieren, nachvollziehen und verstehen zu wollen. Achtsamkeit im Handeln bedeutet, sich bei allen Entscheidungen seiner mentalen Bilder, seiner Vorannahmen sowie seiner Motive, Interessen, Werte und Emotionen bewusst zu sein.

Aber warum sollen wir überhaupt systemisch denken, dialogisch kommunizieren und achtsam handeln? Welches Motiv für gute Politik, für eine Politik der Genügsamkeit, Gewaltfreiheit und Bewusstheit kann es überhaupt geben? Eine Antwort auf diese für jede politische Ethik so entscheidende Frage gibt uns wieder die Begegnung mit DARWIN: Auch wenn es paradox erscheint – wir sollten uns um Nachhaltigkeit, Gewaltfreiheit und Bewusstheit bemühen, weil wir *eigennützige* Wesen sind. Eigennutz darf jedoch nicht gleichgesetzt werden mit Egoismus und auch nicht auf materiellen Eigennutz verengt werden. Eigennutz zielt generell auf subjektives Wohlbefinden. In der Kombination mit der buddhistischen Achtsamkeitspraxis und daoistischer Selbstkultivierung wird aus Egoismus *weiser Eigennutz* – Eigennutz aus einem zutiefst eigennützigen Nachdenken darüber, was Wohlbefinden ist und was Wohlbefinden in einer verwobenen Welt auf lange Sicht ermöglichen kann.

Auf das Konzept des *weisen Eigennutzes* stieß ich bei dem US-amerikanischen Philosophen Archie BAHM – gemeinhin als einer der Begründer der interkulturell vergleichenden Philosophie gesehen – sowie in den ethischen Überlegungen des DALAI LAMA. Weiser Eigennutz ist möglich, da wir Lebewesen sind, die über ihr Denken nachdenken können – und sogar nachdenken müssen, weil wir uns Sinn geben müssen, weil wir ein Sinn suchendes Wesen sind. Und so gehört zum weisen Eigennutz immer auch ein sinnvolles Bild vom guten Leben, das zugleich Grundlage von gutem Handeln, also auch von guter Politik, ist. Aus der Begegnung mit DARWIN, dem Schmetterling und LAOTSE lassen sich dann drei Bausteine eines guten Lebens formulieren, mit denen weniger Ausbeutung von Mensch und

Natur, weniger Gewalt und mehr Bewusstheit möglich wären: Freude, Stille, Lebendigkeit. Mit der Darstellung dieser Bausteine guten Lebens endet die Denk-Reise in zusammenfassenden Überlegungen zum Konzept von *Care* als durchgängigem Leitbild guter Politik.

Offener Geist

Für eine Denk-Reise, die interdisziplinär und interkulturell angelegt ist, folglich auch für die Lektüre des vorliegenden Buchs, braucht es einen offenen Geist – einen Geist, der Verunsicherungen zulässt und Ungewohntes aushalten kann. Der sich nicht an Althergebrachtes klammert, sondern neue Denkbewegungen als etwas Positives schätzt, der nicht aufhört, zu fragen: „Die Philosophie, die wir brauchen, muß flüssig und beweglich sein".[17] Aber gerade ein solch offener Geist ist mir bei meiner Denk-Reise äußerst selten begegnet. Begegnet sind mir vielmehr undurchlässige Fach- und Disziplinengrenzen sowie starre Ideologeme, die nicht in Frage gestellt werden durften und in denen ein interkultureller und interdisziplinärer Ansatz von Politiktheorie hierzulande kaum einen Ort hat. Begegnet sind mir Denk-Schulen, die quasi selbstreproduktiv immer dasselbe denken und diejenigen, die vermeintlich das Richtige denken, sagen und schreiben, mit Posten und Positionen belohnen. Und so ist es auch kein Wunder, dass politische Philosophie und Ethik in Deutschland weitgehend eurozentrisch denken, philosophische Ansätze aus Asien oder aus dem arabischen Raum kaum zur Kenntnis nehmen – und dies, obwohl der Zeitgeist immer wieder von Globalisierung und Interkulturalität schwadroniert.[18] Kein Wunder auch, dass Politiktheorie und Politikanalyse weitgehend in der dualistisch-mechanistischen Denkkultur des 17. Jahrhunderts verharren. Die Aufforderung des US-amerikanischen Politikwissenschaftlers William Bennett MUNRO aus dem Jahr 1927, die Befunde der Quantenphysik in die politikwissenschaftliche Theoriebildung einzubauen, ist hierzulande ebenso unberücksichtigt geblieben wie die Erkenntnis von Auguste COMTE, dass sich in der Soziologie als „organische Physik" „[…] unmittelbare Beziehungen zu Physik, Chemie und Astronomie [...]" einstellen und ein Gesellschaftswissenschaftler immer transdisziplinär arbeiten sollte.[19]

Denk-Schulen sprechen auch Denk-Verbote aus. Solche Denk-Verbote in den Wissenschaften werden umso massiver, je weltanschaulicher ein Fachgebiet aufgeladen ist. Besonders deutlich zeigten sich mir Denk-Verbote dieser Art in der Geschlechterforschung. Zur

Geschlechterforschung stieß ich wiederum über meine Analysen staatlichen Handelns in der Forschungs- und Technologiepolitik sowie auch durch meine Arbeiten zur Technik- und Wissenschaftskritik.[20] Denn es immer öfter trat die Frage auf, warum die Handelnden in der staatlichen Forschungs- und Technologiepolitik sowie insbesondere in der naturwissenschaftlichen Forschung und den Ingenieurwissenschaften überwiegend Männer sind.

Allerdings konnten mir die politikwissenschaftliche Geschlechterforschung im Besonderen sowie die sozialwissenschaftliche Geschlechterforschung im Allgemeinen keine befriedigenden Antworten auf diese Fragen geben. Denn neben einem kruden Konzept von Geschlechterhierarchie, das Frauen und Männer als homogene Blöcke mit gegensätzlichen Interessen und Männer dabei durchweg als Täter und Frauen als Opfer versteht, begegnete mir vor allem die Denk-Figur der *sozialen Konstruktion von Geschlecht*, die insbesondere von den Arbeiten Judith BUTLERs genährt wurde. Das Theorem besagt – ganz im Sinne der Feuerbach-These von MARX –, dass Geschlechterunterschiede im Handeln, im Fühlen sowie in der körperlichen Erscheinung von Frauen und Männern ausschließlich das Produkt von Sozialisation, von Kultur seien. Biologische Geschlechtsunterschiede gebe es nicht, Männer und Frauen seien im Wesentlichen gleich, eine Angleichung der Sozialisationsbedingungen von Jungen und Mädchen würde ganz im Sinne der behavioristischen Psychologie zu einer Angleichung der Geschlechterrollen führen. Folglich wurde jeder Verweis auf körperlich-physiologische Unterschiede zwischen den Geschlechtern – wie etwa die Verteilung der Gebärfähigkeit zwischen den beiden menschlichen Wesen, der Verweis auf Phänomene wie Menstruation, Schwangerschaft und Menopause, auf Unterschiede im Körperbau wie Muskelmasse und Beckenform, auf physiologisch bedingte Unterschiede wie den Stimmbruch oder im Erleben von Sexualität – von den mir begegnenden GeschlechterforscherInnen als *Biologismus* abgetan. Dasselbe Verdikt traf Verweise auf das nach wie vor unterschiedliche Berufswahlverhalten junger Frauen und Männer – insbesondere in solchen Staaten, die wie etwa Schweden seit rund 40 Jahren einen staatlichen Gleichheitsfeminismus praktizieren –, ebenso wie Verweise auf unterschiedliche Vorlieben und Lebensmuster, die sich paradoxerweise umso stärker ausdifferenzieren, je gleicher eine Gesellschaft die Sozialisationsbedingungen der Geschlechter gestaltet.[21]

Aber trotz – oder gerade wegen – all der Auseinandersetzungen im Rahmen meiner wissenschaftlichen und beratenden Aktivitäten in der Geschlechterforschung und -politik war die Befassung mit *Gender* ein wichtiger Meilenstein auf der Denk-Reise.[22] Denn Geschlechterforschung führt – sobald von ihren ideologischen Scheuklappen befreit – zu einem äußerst differenzierten Verständnis der Konstruktion von und des Umgangs mit Unterschiedlichkeiten, davon ausgehend zu einem komplexen Verständnis des Zusammenhangs von Politik, Natur und Kultur sowie zu einer differenzierteren Sicht auf Bestimmungsfaktoren des Politischen und sozialer Dynamiken.[23] Denn schließlich beschreibt das Geschlechterverhältnis das grundlegendste Verhältnis zwischen Menschen, mit dem seine Reproduktion und damit sein Fortleben als Spezies, aufs Engste verbunden ist: „Die erste Voraussetzung aller Menschengeschichte ist natürlich die Existenz lebendiger menschlicher Individuen".[24] So war die Geschlechterforschung für mich Anstoß zur Beschäftigung mit den Arbeiten der *Soziobiologie*, die *kritische Männerforschung* war Ausgangspunkt von Überlegungen zum Zusammenhang von Politik, Normalität und Normalitätskulturen, die mich zum Konzept des *Diversity Management* sowie zum Ansatz der Multikulturalität führten[25]; die feministische Wissenschafts- und Androzentrismuskritik – insbesondere die Arbeiten von Evelyn Fox KELLER, Judy WAJCMAN, Carolyn MERCHANT sowie von Sandra HARDING und Carol PATEMAN – gab den Anstoß zum kritischen Nachdenken über den klassischen Politikbegriff sowie über die epistemologischen Grundlagen der politischen Ethik und der politischen Philosophie des politikwissenschaftlichen Mainstreams.[26]

Denkfreiheit als Erkenntnisgewinn

Den im Folgenden dargestellten Denk-Weg konnte ich also nur beschreiten, weil ich mich sowohl in der Geschlechterforschung als auch in der Politikwissenschaft niemals einer Denk-Schule angeschlossen, Denk-Verbote niemals beachtet, sondern im Sinne guter Wissenschaft immer wieder Fragen gestellt habe.

Damit der Text auch wirklich „mein Buch" bleiben und meine Gedanken unverfälscht wiedergeben kann, habe ich mich bewusst für Self-Publishing entschieden. Gegenüber der Ausgabe vom August 2016 ist die vorliegende an einigen Stellen leicht überarbeitet und durch aktuelle Beispiele ergänzt worden.

Der Forderung von Rabindranath TAGORE an eine lebendige Philosophie entsprechend, ist der Bericht von meiner Denk-Reise bewusst knapp gehalten und auf das Wesentliche fokussiert: „[…] Kompliziertheit ist Schwäche, ist Mißerfolg; Vollkommenheit aber ist Schlichtheit".[27] In diesem Sinne habe ich den Text auch in einer Weise verfasst, die sich am Stil meiner vielen Vorträge, die ich in den vergangenen Jahren immer wieder zu unterschiedlichen Teilaspekten des Buchs gehalten habe, orientiert. Für den Leser/die Leserin, die tiefer in die Gedankenwelt von DARWIN, dem Schmetterling und LAOTSE eintauchen möchten, habe ich am Textende weitergehende Anmerkungen und Überlegungen angefügt, in denen auch die genauen Fundstellen der Zitate zu finden sind. Weiterhin habe ich ein nach den Kapiteln sortiertes Verzeichnis von Literaturhinweisen erstellt.

Dank gilt an dieser Stelle den wenigen Menschen, die mir über die Jahre mit einem offenen Geist begegnet sind.

Dass systemisches Denken, dialogische Kommunikation und Achtsamkeit im Handeln auch im Privaten erfolgreich sein können, zeigt sich unter anderem an den mehr als 25 Jahren gemeinsamen Lebens, die ich mit meiner Frau teile. Der Wert ihrer Reisebegleitung lässt sich kaum in Worten ausdrücken – ohne ihre Begleitung hätte meine Denk-Reise niemals so stattfinden können, wie sie stattgefunden hat.

DARWIN – ODER:
DER MENSCH ALS POLITISCHES LEBEWESEN

DARWIN sieht den Menschen als Produkt der Evolution. Evolution schreitet voran in einem Drei-Schritt von Mutation – Selektion – Reproduktion. Dieses Gesetzt gilt auch für die Entstehung des Menschen. In diesem Sinne ist der Mensch – wie alle anderen Lebensformen auf unserem Planeten auch – ein über Jahrtausende gewordenes Lebewesen. Evolution vollzieht sich über den genetischen Code eines Lebewesens und schreibt dort auf unterschiedlichen Ebenen erfolgreiche Handlungsmuster fest. Erfolgreich im „Kampf ums Dasein" ist im Sinne DARWINs ein Lebewesen im Sinne der Evolution dann, wenn es sich fortpflanzen und reproduzieren kann:

> *[...] dass ich diesen Ausdruck [Kampf ums Dasein; PD] in einem weiten und metaphorischen Sinne gebrauche, unter dem sowohl die Abhängigkeit der Wesen von einander, als auch, – was wichtiger ist, nicht allein das Leben des Individuums, sondern auch Erfolg in Bezug auf das Hinterlassen von Nachkommenschaft einbegriffen wird.*[28]

Survival of the Fittest –
der Mensch als politisches Gruppenwesen

Um Zugang zu den benötigten Ressourcen zu erhalten, entwickeln die unterschiedlichen Lebewesen unterschiedliche Strategien. Erfolgreich ist aber nicht immer und überall die gleiche Strategie, sondern diejenige, die am besten an die jeweilige Umwelt angepasst ist. Die Umwelt eines Lebewesens besteht dabei aus dem Klima, den Landschaftsformen, der Bodenbeschaffenheit und den anderen Lebewesen. Gerade diese kontextspezifische Angemessenheit von Überlebens- und Reproduktionsstrategien bezeichnet DARWIN als „Survival of the Fittest". Fit bedeutet niemals stark, sondern angepasst: „Je nach den äußeren Bedingungen ist mal das eine, mal das andere überlegen. Wer der Stärkere ist, kann nicht absolut gesagt werden".[29] DARWIN ist mit seinem Konzept vom „Kampf ums Dasein" keinesfalls ein reaktionärer Denker, sondern muss vielmehr als Theoretiker einer radikalen Kontextualität gesehen werden. Die enge Verbindung von körperlicher Stärke und sozialem Erfolg im „Sozial-Darwinismus" geht also nicht auf DARWIN zurück, sondern ist eine Erfindung seiner Interpretatoren.

Auch der Mensch war und ist der natürlichen Selektion unterworfen. Auch *Homo Sapiens* musste Strategien entwickeln, um seinen Fortbestand zu sichern. Ebenso wie bei einigen seiner engsten Verwandten – etwa den Schimpansen – besteht die zentrale Strategie der Überlebens- und Ressourcensicherung des Menschen in der Gruppenbildung. Gruppenbildung ist *die* menschliche Strategie der Fitnessmaximierung.

Gruppen bestehen aus Sicht der sich an der DARWIN'schen Theorie ausrichtenden Soziobiologie aus eigennützigen Individuen, die jedes für sich danach trachten, ihren Zugang zu Ressourcen zu optimieren. Um hier eine Balance zwischen individuellen Interessen und dem Gesamterfordernis des Gruppenbestands zu erreichen, haben sich im Laufe der Menschheitsgeschichte Mechanismen ausgebildet, verbindliche Regeln für den Zugang zu und die Verteilung von Ressourcen unter den Gruppenmitgliedern zu erstellen. Der Prozess, in dem diese Regeln entwickelt werden, kann als *Politik* bezeichnet werden, wobei die erstellten Regeln formalisiert oder informell sein können. In großen Gruppen – Unternehmen, Verbänden oder Gesellschaften – hat sich Politik im Laufe der Menschheitsgeschichte als eigenständige gesellschaftliche Sphäre ausdifferenziert. Die Regelerstellung in Form von Gesetzen erfolgt dann von eigens dazu bestimmten Menschen – im Fall der Großgruppe Bundesrepublik Deutschland von *Berufspolitikern und Berufspolitikerinnen.*

Trotz der Ausdifferenzierung einer separaten Ebene von Politik in großen Gesellschaften darf Politik nicht verkürzt werden auf staatliches Handeln, denn Staatlichkeit ist nur eine besondere Form des Politischen. Politik gibt es auch in sogenannten indigenen Stämmen, aber auch in Kegel- oder Kleingartenvereinen etwa in Form der Vereinssatzung und in Form von Vorstandsbeschlüssen, mit denen Verbindlichkeit hergestellt werden soll. Politik ist also immer ein Gruppenphänomen – und so gibt es Politik auch in Ansätzen bei den in Gruppen lebenden Tieren – etwa den Menschenaffen: "Wenn wir uns an Harold LASSWELLs klassische Definition halten, der zufolge Politik ein sozialer Prozeß ist, der darüber entscheidet, wer was wann wie bekommt', dann kann kaum Zweifel bestehen, dass Schimpansen Politik betreiben".[30]

Der Mensch als Wesen, das über sein Denken nachdenken kann

Somit hat ARISTOTELES Recht, wenn er den Menschen als *Politisches Wesen* bezeichnet. Wie die Sozialwissenschaften im Allgemeinen kann ARISTOTELES jedoch letztendlich nicht begründen, warum dies so ist. Er bleibt – um in den Begriffen der Soziobiologie zu sprechen – in proximaten Erklärungen stecken und gelangt nicht zu ultimaten. Und so kann auch die behavioristische Soziologie nicht schlüssig erklären, warum Menschen durch ihr politisches Handeln immer wieder diejenigen sozio-kulturellen Muster erzeugen, die dann in bestimmten Handlungsmustern münden: Warum gibt es Hierarchie? Warum gibt es Fremdenfeindlichkeit? Warum gibt es In-Group-Out-Group-Unterscheidungen? Warum gibt es Altruismus? Warum Kooperation?

Die dauerhafte Existenz dieser und anderer Handlungsmuster in menschlichen Gesellschaften kann mit Rückgriff auf DARWIN dahin gehend erklärt werden, dass sie im Laufe der Entwicklungsgeschichte des Menschen vermeintlich erfolgreich waren und der Mensch sie daher in sein Verhaltensrepertoire aufgenommen hat. Sie sind – wie auch unsere Emotionen – gewissermaßen ein Teil unserer Natur. Allerdings ist der Mensch diesen Mustern niemals hilflos ausgeliefert. Denn' – und das macht den *homo sapiens* wohl einmalig – der Mensch kann über sein Denken nachdenken, er kann sich unbewusst ablaufende Denk- und Handlungs-Prozesse bewusst machen und diese auch verändern, wenn sie nicht mehr angemessen sind. Diese Fähigkeit zur Reflexivität könnte als *Vernunft* bezeichnet werden. Allerdings gibt es Grenzen der Gestaltungsmöglichkeit von Verhaltensmustern bzw. Grenzen uns überhaupt möglicher Verhaltensmuster – so können wir bei Gefahr niemals aus eigener Kraft davonfliegen:

Die Gene legen nicht unbedingt ein bestimmtes Verhalten fest, sondern vielmehr die Fähigkeit, bestimmte Verhaltensweisen zu entwickeln, oder, genauer noch, die Tendenz, sie in verschiedenen, spezifischen Lebensräumen zu entwickeln.[31]

Der Mensch ist seinen evolutiv erworbenen Verhaltensmustern auch von daher nicht hilflos ausgeliefert, da er als Wesen, das über das Denken nachdenken kann, diejenigen sozialen Kontexte verändern kann, aus denen unerwünschte Handlungsmuster entspringen. So ist der *Homo sapiens* wohl das einzige Lebewesen auf der Erde, das planvoll und in Kooperation jegliche Knappheit an lebensnotwendigen

Ressourcen vermeiden könnte – und damit zugleich vernichtende Konkurrenz oder gewaltförmig ausgetragene Verteilungskonflikte.

GAIA – der Mensch als Teil des Netzwerks des Lebens

Evolutionsbiologie ist ein Teilbereich der Biologie. Biologie ist die Lehre vom Leben. Leben hat einen Stoffwechsel, Leben pflanzt sich fort und hat eine Evolutionsgeschichte. DARWIN erinnert uns stets daran, dass der Mensch als eine spezifische Lebensform immer Teil des großen Netzwerks des Lebens ist, in dem sich in der Wechselwirkung mit anderen Lebewesen seine Evolution vollzogen hat. Der politisch handelnde Mensch steht niemals außerhalb der *Natur,* er ist ein kleiner Mosaikstein des großen bio-physikalischen Zusammenhangs aus lebenden und unbelebten Teilen. Der Biophysiker James LOVELOCK hat dieses System als GAIA bezeichnet. Es „[…] schließt die Biosphäre ein und ist ein dynamisches physiologisches System, das auf unserem Planeten seit über drei Milliarden Jahren Leben ermöglicht".[32] Jeder Eingriff des Menschen in dieses System hat – wie der Klimawandel zeigt – letztendlich auch Auswirkungen auf ihn selbst, wirkt auf seine Lebensumstände zurück und verändert das Ganze.[33] Dies hat vor allem damit zu tun, dass die grundlegenden Ordnungsmuster, nach welchen GAIA funktioniert, die Gesetze der Thermodynamik sind: Energieerhaltung, Energietransformation und Entropiezunahme. GAIA und das ganze Universum – aber auch jeder Mensch – sind nun einmal nichts anderes als ein großes Energienetzwerk: „Der zweite Hauptsatz [der Thermodynamik; PD] ist das grundlegendste und unbestrittenste Gesetz des Universums überhaupt".[34] Die Thermodynamik gibt der Naturentwicklung eine Geschichte und macht zugleich alle bio-physikalischen Prozesse unumkehrbar:

> *Es gibt einen Satz der Physik, den zweiten Hauptsatz der Thermodynamik, nach dem das Naturgeschehen prinzipiell unumkehrbar und unwiederholbar ist. Diesen Satz möchte ich als den Satz von der Geschichtlichkeit der Natur bezeichnen.*[35]

Aber nicht nur GAIA, sondern jeder einzelne Organismus ist ein Energie-System, das aus wechselwirkenden Teilen besteht. Insbesondere Ludwig von BERTALANFFY hat betont, dass Biologie als die Lehre vom Leben zwangsläufig zu systemischem Denken führt, zu einem ganzheitlichen Denken, zu einem Denken in Wechselwirkungen. Der vorherrschende reduktionistische Ansatz der Naturwissenschaften, der ein Ganzes in seine Teile zerlegt und aus der Analyse der Teile wieder das Ganze beschreiben möchte, hat hier sein Grenzen. Das Ganze ist immer mehr als die Summe seiner Teile.

Prozesshaftigkeit und Emergenz: Kein Ende der Evolution

DARWIN zeigt, dass Evolution ein Prozess ist, der sich über viele Milliarden von Jahren erstreckt und niemals enden wird. Der Mensch ist keineswegs die *Krone der Schöpfung*, mit der die Evolution nun zum Stillstand kommt. Er ist wie alle anderen Arten auf der Erde noch immer der natürlichen Selektion unterworfen.

Wie das Beispiel Ebola zeigt, können jederzeit neue Lebensformen auftreten und Selektionsdruck auf den Menschen ausüben. Ebenso geht selektiver Druck auf den Menschen von antibiotika-resistenten Keimen oder vom Klimawandel aus, der bestehende Ökosysteme und Lebensräume massiv verändern wird. Nicht abzusehen sind die Auswirkungen auf den Menschen durch den von menschlichen Handlungen (Rodung von Regenwald, industrialisierte Landwirtschaft) verursachten massiven Schwund von Arten – insbesondere von Arten, mit denen wir unsere Evolutionsgeschichte bisher teilten. Dies wird sehr deutlich an den blütenbestäubenden Insekten wie Bienen und Hummeln. Sollten sie aussterben, sind die Folgen für die menschliche Nahrungsversorgung noch nicht abzuschätzen, denn Bienen und Hummeln sind für die Bestäubung von rund 90 % der Blüten von Obstbäumen verantwortlich. Ebenso wird die Ausbringung gentechnisch manipulierter Organismen Auswirkungen auf den Menschen als Teil des Netzwerks des Lebens haben, wie auch die Verwendung von synthetischen Stoffen in Farben und Lebensmitteln. Es besteht die Möglichkeit, dass diese langfristig die Fortpflanzungsfähigkeit des Menschen negativ beeinflussen können.[36]

Diese Liste ist keinesfalls abgeschlossen, aber sie macht eines deutlich: Evolution macht nicht Halt und jeder Eingriff des Menschen in das Netzwerk des Lebens hat immer Auswirkungen auf ihn selbst. Angesichts dieser Situation läge der Versuch nahe, etwa durch den Einsatz von Technik den Prozess des Lebens steuern und noch mehr kontrollieren zu wollen. Dies wird aber niemals gelingen, denn ein zentrales Kennzeichen von Leben ist das spontane Entstehen von Neuem.

Das Netzwerk des Lebens hat emergente Eigenschaften, d. h., aus der Kombination von Stoffen entsteht ein Stoff, der über völlig andere Qualitäten verfügt als seine Ausgangsstoffe. Bestes Beispiel für Emergenz ist Wasser, dessen Eigenschaften – wie insbesondere seine Flüssigkeit – sich nicht auf seine Bestandteile zurückführen lassen. Emergenz ist nicht vorhersehbar und von daher nicht kontrollierbar. Emergenz ist natürliche Kreativität aus sich selbst.

Darwin – Ehrfurcht vor der Schöpfung ohne Schöpfergott

Eine Begegnung mit DARWIN führt also keineswegs zum Sozial-Darwinismus, im Gegenteil: DARWIN und seine Evolutionstheorie können eine politische Ethik begründen helfen, die auf einem realistischen Menschenbild aufbaut, dabei ohne Schöpfergott auskommt und trotzdem zum respektvollen Umgang mit allem Leben führt. Es ist kein intelligenter Designer mehr nötig:

> *Wir können nicht mehr argumentieren, dass zum Beispiel ein so wundervoller Gegenstand wie eine zweischalige Muschel ebenso von einem intelligenten Wesen gemacht sein muss wie eine Türangel von Menschen. In der Variabilität organischer Wesen und in dem Vorgang natürlicher Selektion scheint uns nicht mehr Planung zu stecken als in der Richtung, aus der der Wind bläst.*[37]

Denn wenn man sich immer wieder vor Augen hält, welches Wunderwerk das Leben um uns herum ist, wie alles aus sich selbst heraus in einem unvorstellbar langen Zeitraum entstanden ist, welche Kreativität im „emergenten Universum"[38] aus sich selbst zutage tritt, wie alles dabei mit allem als GAIA zusammenwirkt – all dies führt zu einer viel demütigeren und respektvolleren Haltung gegenüber der *Schöpfung,* als die Vorstellung, ein transzendentes Wesens habe all dieses Leben um uns herum in sechs Tagen geschaffen. Da die Macher-Gott-Vorstellung zudem unterstellt, alles wäre planvoll durchführbar und damit jederzeit und überall reproduzierbar, entweiht sie vielmehr dieses lebendige SEIN und leistet einem Maschinendenken Vorschub. Natur wird zur leblosen Ressource, gewissermaßen zu Lego-Bausteinen degradiert, die jederzeit wieder beliebig zusammensetzt werden können – eine Vorstellung, die sich gegenwärtig besonders in der sogenannten „synthetischen Biologie" zeigt, die Lebewesen wie aus dem Baukasten kreieren möchte.[39]

Eine Schöpfergott-Vorstellung beraubt uns der Möglichkeit des Staunens über die selbstorganisierte Vielfalt um uns, sie beraubt uns damit einer „Quelle belebender Erfahrungen".[40]

Kein Wunder, dass gerade in den theistischen Kulturen des Westens die experimentellen Naturwissenschaften und die „List-Technik"[41] entstanden sind – vorangetrieben auf der Suche nach dem Schöpfungsplan Gottes und in dem Denken, Natur sei zielgemäß gestaltbar und endlos nutzbar. Vor dem Scherbenhaufen dieser Überheblichkeit stehen wir seit Jahren: Unser Planet verarmt mehr und mehr an Lebendigem, mit ihm verarmen – wie Edward O. WILSON zeigt – letztendlich wir in einer Ödnis von Gleichförmigkeit an Pflanzen und Tieren sowie in einer Ödnis gleichförmiger technischer Artifizialität:

> *Bereist man [im Jahr 2100; PD] die Welt entlang eines beliebigen Breitengrades, trifft man immer wieder auf dieselbe Gruppe eingeführter Vögel, Säugetiere, Insekten und Mikroben. Es sind die Lebewesen, die von unserer globalisierten Handels- und Verkehrsgesellschaft am meisten profitieren und die in den gleichförmigen Lebensräumen, die wir geschaffen haben, am besten gedeihen.*[42]

Nicht Gott hat den Menschen geschaffen, sondern der Mensch in Europa und im Vorderen Orient hat sich in seiner Hybris ein omnipotentes Macher-Gott-Bild als transzendentes Pendant geschaffen. So wie dieser Gott außerhalb der Welt steht, sieht sich auch der Mensch des Okzidents immer außerhalb der Natur.[43] DARWIN aber holt den Menschen von diesem hohen Podest: Der Mensch ist nicht Resultat eines geplanten Schöpfungsprozesses, er ist ein Produkt der Evolution wie alle anderen Lebewesen auch. Der Mensch ist ein Nackt-Affe, der seit rund 200.000 Jahren den Planeten besiedelt und mit allen anderen Lebewesen in einem engen Verbund steht. Sein Überleben ist von diesen Mit-Wesen sogar abhängig – wie nicht zuletzt die Milliarden von Lebewesen bezeugen, die unseren Körper außen und innen besiedeln und ohne deren Hilfe unser Stoffwechsel nicht möglich wäre und unser Immunsystem nicht funktionieren könnte:

> *Der hauptsächlichste Schluß, zu dem ich in diesem Buche gelangt bin, ist der, dass der Mensch von einer weniger hoch organisierten Form abstammt. [...] Wir lernen daraus, daß der Mensch von einem behaarten, geschwänzten Vierfüßer abstammt, welcher wahrscheinlich in seiner Lebensweise ein Baumthier und ein Bewohner der alten Welt war.*[44]

Der menschliche Nackt-Affe ist das wohl komplexeste Wesen auf dem Planeten, er kann über sein Denken nachdenken. Dieses Wissen, welches Wunderwerk der Evolution, welches Wunderwerk der Selbstorganisation von Milliarden von Zellverbänden jeder meiner Mit-Menschen ist, welches Wunderwerk jeder Akt von Menschwerdung während einer Schwangerschaft ist, sollte Grund genug dafür sein, miteinander rücksichtsvoller und respektvoller umzugehen als es bisher in der Menschheitsgeschichte geschehen ist und gegenwärtig noch immer geschieht. Das Staunen über das menschliche Sein sollte auch Grund genug dafür sein, respektvoll und rücksichtsvoll mit seinem eigenen Körper umzugehen, ihn pfleglich zu behandeln, ihn nicht als ein Instrument oder (Mode-)Objekt zu vernutzen.

Unbestimmtheit, Offenheit, Kreativität aus sich selbst sind aber nicht nur Kennzeichen des evolutiven Prozesses des Lebens, die uns zum Staunen und zu Demut herausfordern, sondern – wie ein paar Jahrzehnte nach DARWIN die Quantenphysik und die Chaostheorie zeigen – von Materie, vom SEIN überhaupt.

DER SCHMETTERLING – ODER:
WARUM POLITIK SO IST WIE SIE IST

Im Jahr 1687 veröffentlichte Isaac NEWTON seine *principia mathematica*. Darin führt er alle Erscheinungs- und Bewegungsformen von Materie auf eine universelle Kraft – die Gravitation – zurück, die sich mathematisch exakt beschreiben lässt. NEWTONs Physik ist eine Physik der Teilchen und so hatte er die Meinung vertreten, auch Licht bestünde aus Teilchen. Im Jahr 1802 zeigte der englische Physiker Thomas YOUNG in einem Versuch jedoch, dass Licht auch die Eigenschaft einer Welle besitzt. Da beide Sichtweisen im Folgenden immer wieder experimentell bestätig wurden, musste Licht also eine Doppelnatur aufweisen: Es ist Teilchen und Welle zugleich. Im Jahr 1924 zeigte dann der Physiker Louis de BROGLIE, dass alle Materieteilchen diese Eigenschaft besitzen. Materie ist also uneindeutig – es gibt nicht nur Entweder-Oder, sondern immer Sowohl-als-auch.

Nach diesem ersten folgte mit der HEISENBERG'schen Unbestimmtheitsrelation im Jahr 1926 ein zweiter Schlag gegen die Annahme einer eindeutigen Naturbeschreibung. Vereinfacht ausgedrückt sagt die Gleichung, dass auf der subatomaren Ebene niemals gleichzeitig Ort oder Impuls eines Teilchens (= Geschwindigkeit + Energie) gemessen werden können. Der beobachtende Forscher entscheidet in diesem Falle – genauso wie im Falle der Welle-Teilchen-Dualität –, was er sehen, welche Realität er beschreiben möchte. Wie Werner HEISENBERG weiter ausführt, lässt die Quantentheorie „[…] keine völlig objektive Beschreibung der Natur mehr zu".[45] Wahrheit und Wirklichkeit fallen auseinander, der Beobachter wird zum Teil des Beobachteten.

Radikalkonstruktivismus –
Politik als Herstellung von Sinn

Was für die subatomare Ebene gilt, gilt auch für die Ebene des alltäglichen Lebens: Die Wirklichkeit wird immer durch die Beobachtenden, d. h. die handelnden Menschen, hergestellt. Dies ist die zentrale These des sogenannten *radikalen Konstruktivismus*, der die Befunde aus der Quantenphysik aufgenommen und für die soziale Welt weiter entwickelt hat. Hierzulande bekannt ist der radikale Konstruktivismus wohl vor allem durch Paul WATZLAWICK. Dieser geht davon aus, dass es immer zwei Wirklichkeiten gibt: eine Wirklichkeit, die uns von den Sinnesorganen vermittelt wird und darauf aufbauend eine zweite Wirklichkeit der Sinn-Zuschreibung, der Bewertung und Interpretation. Gold beispielsweise ist zunächst lediglich ein Metall, eine spezifische Ansammlung von Atomen, seinen besonderen Wert erhält es ausschließlich durch gesellschaftliche Konventionen:

> *Die physikalischen Eigenschaften des Goldes sind seit alters her bekannt [...] Diese Eigenschaften des Goldes seien seine Wirklichkeit erster Ordnung genannt. Daneben aber besteht offensichtlich eine Wirklichkeit zweiter Ordnung des Goldes, nämlich sein Wert. Dieser hat absolut nichts mit den physikalischen Eigenschaften des Metalls zu tun, sondern ist eine von Menschen vorgenommene Zuschreibung.* [46]

Die Wirklichkeit eines jeden Individuums ist also eine Konstruktion, seine eigene subjektive Ordnung und Deutung der von ihm beobachteten Dinge und Vorgänge, seine Auswahl der Dinge und Vorgänge, die es überhaupt zur Kenntnis nimmt. Jeder hat somit seine eigene Welt, die nur mit ihm existiert und mit ihm stirbt. Das bedeutet nicht, dass – wie es der eingangs dargestellte Sozialkonstruktivismus unterstellt – das gesamte SEIN in seiner materiellen Ausformung – etwa ein menschlicher Körper – vom Beobachter konstruiert ist; konstruiert ist allein die Bedeutung dieser spezifischen Ausformung eines Objekts. Und zu dieser Konstruktion von Sinn ist – wie Victor FRANKL eindrücklich gezeigt hat – der Mensch als Wesen, das über sein Denken nachdenken kann, geradezu verdammt: *Homo sapiens* ist ständig gezwungen, sich Fragen nach dem Sinn des Lebens so zu beantworten, dass er ein gelingendes Leben leben kann. Nur in diesem Gelingen zeigt sich dann die *Wahrheit* einer jeder Sinn-Deutung.

Selbstredend, dass Sinn-Deutungen auch ein zentrales Bestimmungsmoment von Politik und politischem Handeln bilden. Jeder politisch Handelnde bringt in den politischen Prozess seine Wirklichkeits-Deutung, seine Welt-Anschauung mit ein: sein Bild von Natur, sein Menschenbild, seine Vorstellungen von guter Politik und vor allem sein Bild von gutem Leben. Diese unterschiedlichen Bilder und die damit verbundenen Interessen werden in einem jeden politischen Prozess in komplexen Machtbalancen verdichtet und institutionalisieren sich dann in verbindlichen Regeln – etwa in Gesetzen. Jedes politische Regulativ ist somit als kondensierte Sinn- und Wirklichkeitsdeutung einer Gruppe zu verstehen.

Verbindliche Regeln existieren also niemals losgelöst von den Sinn-Angeboten derjenigen Gruppe bzw. Gesellschaft, für die die Regeln erstellt werden. Politik ist immer eingebettet in den Sinn-Zusammenhang der ganzen Gruppe, in einen gruppenspezifischen Denk-Raum, in eine gruppenspezifische Denk-Kultur.

Unbestimmtheit und Nicht-Linearität – Lebendige Materie

Die NEWTON'schen Physik geht davon aus, dass die Beziehungen zwischen den Körpern – etwa Planeten – eindeutig bestimmt und langfristige Vorhersagen über deren Verhalten möglich sind. Bestätigt wird diese Annahme beispielsweise durch die Möglichkeit einer konkreten Bestimmung der Termine von Mond- oder Sonnenfinsternissen. Die genaue Vorhersage des Erscheinens des HALLEY'schen Kometen im 18. Jahrhundert veranlasste den französischen Mathematiker Pierre LAPLACE von daher zu der Aussage, dass jedes Ereignis auf einem vorhergehenden basiere und die Zukunft des Universums präzise vorhergesagt werden könne, wenn zu einem bestimmten Zeitpunkt alle Positionen, Kräfte und Geschwindigkeiten von Körpern bekannt wären. Die Entwicklung eines jeden Systems sei durch die jeweiligen Ausgangsbedingungen eindeutig determiniert. Aber schon gegen Ende des 19. Jahrhunderts widersprach der Mathematiker Henri POINCARÉ dieser Annahme, indem er bei Berechnungen feststellte, dass schon in einem System mit nur drei Körpern die Möglichkeit bestehe, dass diese sich chaotisch verhalten und ihre zukünftige Konstellation keineswegs präzise für alle Zeit vorhergesagt werden kann. Dies gilt auch für unser Sonnensystem: „Auf einer Skala von einer Million Jahre ist das Sonnensystem stabil und geregelt; auf einer Skala von 100 Millionen Jahren ist es chaotisch."[47]

Der entscheidende Schlag gegen den *LAPLACE'schen Dämon* erfolgte dann durch einen Meteorologen im Jahr 1960. Edward LORENZ versuchte eine Wettervorhersage zu erstellen und fütterte seinen Computer mit den entsprechenden Daten. Da die Rechenmaschinen zu dieser Zeit im Vergleich zu heute eine weitaus geringere Verarbeitungskapazität hatten, rundete LORENZ die Daten hinter dem Komma von sechs auf drei Dezimalstellen ab. Nachdem die Rechenoperationen über Nacht durchgeführt waren, zeigte sich im Vergleich zu den früheren Voraussagen ein völlig anderes Ergebnis – verursacht ausschließlich durch die Streichung von drei Dezimalstellen. In diesem Sinne zeigten in den folgenden Jahren viele Experimente, dass kleinste

Veränderungen in den Ausgangsbedingungen von Systemen deren Entwicklungsrichtung fundamental verändern können – und dies auch dann, wenn die Beziehungen zwischen den einzelnen Systemelementen eindeutig sind. Diese Unbestimmtheit nicht-linearer Systeme, die Möglichkeit, dass der Flügelschlag eines Schmetterlings in Brasilien einen Tornado in Texas erzeugen kann, resultiert dabei vor allem aus sich selbst verstärkenden Rückkopplungsschleifen. Das alltägliche Wettergeschehen ist hierfür immer wieder ein gutes Beispiel. Wetter ist ein Paradebeispiel für ein so genanntes nicht-lineares System.

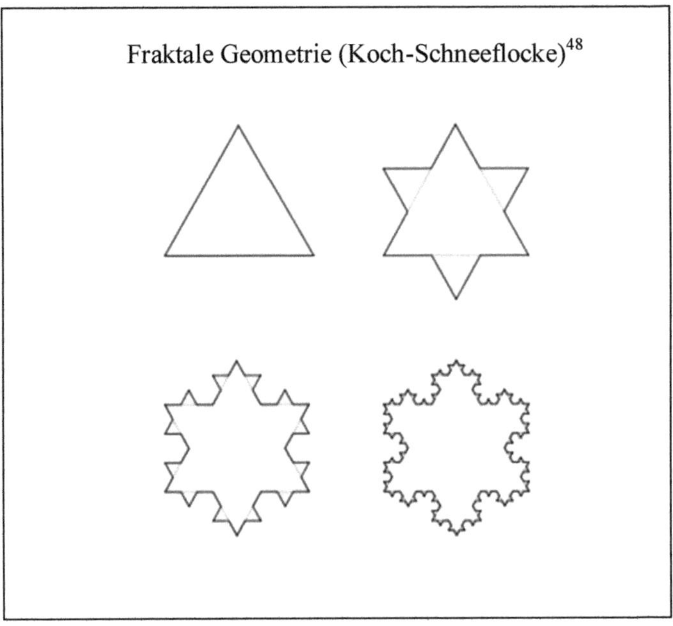

Bildet man den Entwicklungsprozess nicht-linearer Systeme auf einer Zeitachse ab, ergibt sich jeweils ein spezifisches Bild – ein sogenannter *Attraktor*. Dieser besitzt eine fraktale Geometrie, d. h., das Entwicklungsmuster nicht-linearer Systeme reproduziert sich auf seinen unterschiedlichen Ebenen immer wieder aufs Neue, nicht-lineare Systeme sind selbst-ähnlich. Anschauliche Beispiele für fraktale Geometrien sind Schneeflocken, Bäume, Flussverläufe oder auch das Nervensystem des Menschen. Diese Muster zeigen, dass nicht-lineare Systeme keineswegs ungeordnet bleiben müssen, sie entwickeln sehr wohl aus sich selbst heraus Ordnungsmuster und Strukturen. Allerdings bleibt dieser Selbstorganisations-Prozess immer unbestimmt und kann nur in

Grenzen kontrolliert werden: „Aus klassischer [NEWTON'scher; PD] Sicht waren stabile Systeme die Regel, instabile Systeme die Ausnahme. Diese Perspektive kehren wir jetzt um".[49]

Handlungs- und Gruppendynamiken – Chaotische Politik

Die Theorie nicht-linearer Dynamik – populär ausgedrückt: die Chaostheorie – kann aber nicht nur das Wettergeschehen erklären, sondern auch, warum Politik bisweilen so chaotisch erscheint. Denn ein politischer Prozess besteht aus vielen Handlungen der an ihm beteiligten Menschen. Jede Handlung zieht eine andere Handlung nach sich, wobei Handlung ganz allgemein definiert werden kann als Wahl zwischen mindestens zwei Möglichkeiten: Öffnen wir die Grenzen für die Flüchtlinge aus Ungarn oder öffnen wir sie nicht. Alle Handlungen in einem sozialen Gefüge beziehen sich aufeinander und stehen miteinander in Wechselwirkung, wobei in einem bestimmten Zeitraum viele Handlungen parallel zugleich ablaufen – vor allem heute ist der staatlich organisierte Politikprozess ein Prozess mit vielen Akteuren an vielen Orten auf unterschiedlichen Ebenen: auf der kommunalen, der nationalen, der europäischen, der globalen Ebene.

Die Dynamik all dieser Handlungen ist niemals abzuschätzen und gibt dem politischen Prozess bisweilen die Qualität des Unabgestimmten und Beliebigen – und so kommt in der Umsetzung politischer Programme meist etwas anderes heraus als von den BerufspolitikerInnen beabsichtigt. Schon eine kleine Handlung kann dabei völlig ungeahnte Folgen nach sich ziehen: Bestes Beispiel aus jüngerer Vergangenheit ist der Versprecher von Günther Schabowski zur Ausreisemöglichkeit aus der DDR während der Pressekonferenz am 9. November 1989:

Fast hätte Schabowski auf der Pressekonferenz vergessen, den Beschluss zu erwähnen, wäre er nicht von einem italienischen Korrespondenten gegen Ende auf den drei Tage zuvor veröffentlichten unglücklichen Reisegesetzentwurf angesprochen worden. Nach hektischer Suche in seinen Unterlagen fand Schabowski die von Krenz überreichten Papiere. Er verlas den Wortlaut in Unkenntnis dessen, dass dieser ursprünglich als Presseerklärung für den 10. November 1989 vorgesehen war und dass bisher weder der Regierungsapparat noch die Grenztruppen Handlungsanweisungen hatten, wie das Antragsprozedere für Privatreisen und ständige Ausreisen aus der DDR geregelt werden sollte. Die Live-Übertragung der

> *Pressekonferenz in den DDR-Medien und die Sensationsmel-*
> *dungen westlicher Medien über die ‚offene Grenze' führten*
> *dann dazu, dass Tausende Ostberliner an die Mauer strömten*
> *und ihre sofortige Öffnung erzwangen.*[50]

Hinzu kommt, dass Politik nicht nur eine Eigenschaft von sozialen Gruppen ist, sondern auf gesamtgesellschaftlicher Ebene immer in Gruppen gestaltet wird – etwa im Regierungskabinett, in einem Parteivorstand, bei Tarifverhandlungen oder in der EU-Kommission und in vielen anderen Gruppen. In Gruppen kommen Menschen zusammen, die miteinander interagieren, wobei sich daraus immer ganz spezifische Gruppendynamiken ergeben, die wiederum nicht vorhersagbar sind. Gruppendynamiken sind emergente soziale Phänomene, das Gesamt einer Gruppe ist immer mehr als die Summe ihrer Teile, d. h. als die Summe der Eigenschaften der einzelnen Gruppenmitglieder. Dabei spielen Sympathien und Antipathien eine Rolle – wer konnte eigentlich BERLUSCONI leiden und wer wird wie mit Donald TRUMP umgehen? –, es spielt das Geschlecht der Teilnehmenden ein Rolle – wie verändert beispielsweise die Anwesenheit von Angela MERKEL die Gruppendynamik der Sitzungen der EU-Ministerpräsidenten? –, es spielen die unterschiedlichen Persönlichkeiten, die an einem Gruppenprozess teilnehmen, eine Rolle, es spielen die Interessen der Gruppenmitglieder eine Rolle und es spielt die Dauer des Gruppenprozesses eine Rolle usw. Gruppendynamiken sind neben Handlungsdynamiken eine weitere Ursache dafür, dass der Politische Prozess bisweilen chaotisch abläuft und plötzlich etwas völlig Unvermutetes geschehen kann.

Die Macht des Moments – oder: Das Private ist politisch

Unsere Denk-Kultur ist eine dualistische. Dualistisches Denken, ein Denken, das Sphären – etwa Natur und Kultur – Objekte oder Akteure als gänzlich unverbunden unterstellt, ist das Gegenteil zur oben beschriebenen systemischen Denkweise, in der alles mit allem in Wechselwirkung stehend gesehen wird. Dualistisches Denken findet sich vor allem in der DESCARTES'schen Philosophie, wobei diese in Europa vermutlich nur einen so großen Widerhall finden konnte, da dualistisches Denken bereits im christlich-jüdischen Theismus angelegt ist: Hier steht eine Gottheit (handelndes Subjekt) der Menschheit (behandeltes Objekt) gegenüber, diese Gottheit ist allmächtig und wird von der Menschheit nicht beeinflusst, handelt als Allwissende autonom nach ihrem Gutdünken.[51] Der Menschheit werden von dieser Gottheit Vorschriften und Gesetze gegeben, nach denen sie sich zu richten hat – will sie nicht den Zorn der Gottheit auf sich ziehen und in ewiger Verdammnis leiden.

Dualistisches Denken prägt unsere Sicht auf Gesellschaft und Politik, indem diese beiden Sphären als getrennt gedacht werden: Staatliche Politik handelt vermeintlich im luftleeren Raum, ausschließlich im eigenen Interesse. Die Bürger haben mit der Politik eigentlich nichts zu tun, sie sind die Opfer der Politik. In diesem Denken ist es dann ein Einfaches, *der* Politik die Schuld für vermeintliche Missstände zuzuschreiben, die Politik ist an diesem oder jenem schuld. Diese Denkfigur, das Konzept der *Schuld* existiert wiederum nur in den theistischen Religionen.[52] Denn im Schuldbegriff spiegelt sich die Schöpfergottvorstellung wider, indem eine Person oder eine Gruppe für einen Umstand allein verantwortlich gemacht werden kann, für die Existenz eines Umstands genau *eine* Ursache gefunden werden kann – folglich suchen wir immer einen *Sündenbock*. Auch dieser ist ein zentraler Bestandteil dualistischer Kulturen und theistischer Religionen, der Sündenbock ist ursprünglich ein jüdisches Ritual, indem ein Bock, der symbolisch mit Schuld beladen ist, in die Wüste geschickt wird und alle Gruppenmitglieder dadurch von ihrer Schuld entlastet sind.

Bei genauerem Hinsehen und auch ganz im Sinne der uns von DARWIN nahegelegten systemischen Betrachtungsweise sind Politik und Gesellschaft jedoch immer miteinander verwoben. BerufspolitikerInnen fallen nicht vom Himmel, sie werden nicht in den Labors der politischen Stiftungen geklont, sondern sind Produkte genau der Gesellschaft, für die sie nun regelnd tätig werden sollen: BerufspolitikerInnen haben Eltern, sind in Familien aufgewachsen, haben dort bestimmte Werte vermittelt bekommen, haben Schulen besucht, wo ihnen ein bestimmtes Wissen vermittelt wurde, haben sich dann irgendwann in der organisierten Politik engagiert, sind in eine Partei eingetreten und haben dort ggf. Karriere gemacht und sind unter Umständen KanzlerkandidatIn geworden. Das heißt, sie haben in den Parteien, die wiederum aus Menschen dieser Gesellschaft bestehen, einen Auswahlprozess durchlaufen und haben dabei von einer Mehrheit der Partei Zustimmung für ihre Person sowie für die von ihnen vertretenen Inhalte – für ihre Welt-Deutung – erhalten. Gleiches gilt für alle MinisterInnen, es gilt für alle sogenannten *Repräsentanten des Staates*. Politik und die PolitikerInnen sind in diesem Sinne immer ein Spiegelbild der Gesellschaft, der mehrheitlich vertretenen Werte und Anschauungen, der vorherrschenden *Normalitätskultur*:

> *Was der Mensch ist, ganz zu schweigen davon, was er will, ist
> zum Teil Produkt des politischen Systems, wie er umgekehrt
> das System auch bedingt. Das ‚Wesen des Menschen‘ und das
> Funktionieren des Systems sind Teil ein und desselben Zu-
> sammenhanges.*[53]

Man könnte auch sagen, das Soziale hat eine fraktale Geometrie und reproduziert vorherrschende Denk- und Handlungsmuster immer wieder auf den unterschiedlichen Ebenen – in der Familie ebenso wie in der staatlichen Politik, aber auch in der Wirtschaft.

Gesellschaft beeinflusst staatliche Politik aber nicht allein durch die Mit-Auswahl des politischen Personals, sondern auch dadurch, dass sie die Themen mit-bestimmt, die staatliche Politik regulieren muss. Jedes Mitglied einer Gesellschaft entscheidet durch seine Handlungen, welche Probleme in einer Gesellschaft entstehen. Im Lichte des Schmetterlings ist eigentlich eine jede (Alltags-)Handlung eine politische Handlung, denn jede (Alltags-)Handlung entscheidet über den Zugang und die Verteilung von Ressourcen. Berechnungen des *Sustainable Europe Research Institute* (SERI) in Wien zufolge bewegt jeder ausgegebene Euro irgendwo auf der Welt ein Kilogramm natürlicher Stoffe. Das Private ist immer politisch:

> *Jede Tat, die ich tue, ob ich mich ernähre oder ob ich lehre,
> ist politisch, weil alles mit allem verbunden ist. [...] Die Leu-
> te, die dann gewählt werden, Clinton oder Kohl, sind Expo-
> nenten einer Kultur, aber sie sind keineswegs wichtiger als
> wir Alle.*[54]

Vermeintlich große Probleme lassen sich im Sinne des Schmetterlings dabei meist auf ganz simple Handlungsmuster im Alltag zurückführen, die sich immer wiederholen und dabei verstärken. Banken-, Schulden-, Finanz- und Eurokrise resultieren ebenso wie die fortschreitende Umweltzerstörung oder Kriege um Ressourcen aus dem einfachen Algorithmus der alltäglichen Gewinn-Sucht und Ich-Bezogenheit: mehr – mehr bzw. billig – billig. Wollen wir die sozialen und ökologischen Probleme lösen bzw. ihr Entstehen vermeiden, müssen wir lediglich unsere eigenen Handlungsmuster im Alltag ändern. Wir müssen im wahrsten Sinne des Wortes *radikal* denken, die Umstände von der Wurzel her sehen.

Wenn das Private politisch ist, kann es auch keine Politikverdrossenheit geben, bestenfalls eine Unzufriedenheit mit den vorherrschenden Politikformen oder der vorherrschenden politischen Kultur. Denn Politik ist überall, sie hat viele Orte und Akteure: Der Mensch ist – ob er will oder nicht – immer ein politisches Wesen und kann sich politischem Handeln niemals entziehen. Auch vermeintliches Nicht-Handeln – etwa der Rückzug ins Private – ist Handeln, ist eine politische Handlung. Der Schmetterling erinnert uns, dass jeder Mensch die Macht des Moments besitzt und damit die Verantwortung, in jedem Moment politisch angemessen zu handeln, hat. Aber was ist jeweils angemessen? Was ist richtig? Was ist gute Politik? Antworten auf diese Fragen wird uns LAOTSE geben.

LAOTSE – ODER: WAS IST GUTE POLITIK?

Politik ist immer eingebettet in eine Metaphysik, in ein gruppenspezifisches Projekt der Beantwortung der Fragen des *Woher* (kommt das alles?), *Wohin* (gehen wir – etwa nach dem Tod?), *Wozu* (gibt es das alles?). Die Rückbindung politischen Handelns an die Antworten auf diese Fragen, die Rückbindung an eine Kosmologie im Sinne einer „Theorie der Welt im Ganzen"[55], kann als Religion verstanden werden. Eine Begegnung mit LAOTSE, BUDDHA und dem Hinduismus erweitert dabei unseren Denk-Raum, indem sie Religion aus der Gleichsetzung mit Theismus löst: Religion setzt einen Schöpfergott oder die Existenz einer Kirche ebenso wenig voraus wie Geistes-Wesen oder den Glauben an ein Jenseits. Religion und Gläubigkeit sind nicht identisch: „Jesus fordert Glauben, Buddha Einsicht".[56] Im Anschluss an Eric VOEGELINS Begriff der *Politischen Religion* kann man eigentlich jeden *Ismus* als Religion verstehen, als *säkulare Religion*[57] – und so hat der Neoliberalismus gleichermaßen religiöse Eigenschaften wie etwa der Szientismus, der Konsumismus, der Nationalismus, der Eurozentrismus, der Feminismus, der Kommunismus oder der Rassismus, wobei die jeweils konkrete Ausgestaltung dieser Denkgebäude immer von den vorherrschenden Metaphysiken bzw. Kosmologien bestimmt wird.

BUDDHA und LAOTSE –
Nicht-Duale Metaphysik für eine systemische Welt

Politik hat also immer eine – explizite oder implizite – religiöse Grundlage, Politik in den westlichen Industriestaaten eine christlich-jüdische. Diese baut – wie gesehen – auf einer dualistischen Kosmologie auf und trennt zwischen Gott und Welt, Mensch und Natur, Subjekt und Objekt sowie Politik und Gesellschaft. Der unterstellte Schöpfergott ist allmächtig und hat die Welt und den Menschen erschaffen, der als sein vermeintliches Ebenbild daran gegangen ist, die Welt nach seinen Plänen zu gestalten. Bedauerlicherweise hat dies dazu geführt, dass unser bio-physikalischer Lebensraum immer mehr zerstört und verwüstet wurde. Eine dualistische Kosmologie ist – insbesondere, wenn sie eine Verbindung mit mechanistischem Macher-Denken eingeht – zerstörerisch. Denn sie stimmt mit den systemischen Eigenschaften des Lebens nicht überein, eine dualistische Kosmologie ist immer eine Kopfgeburt.

41

Eine dualistisch-theistische Kosmologie verlagert das Heute in das Morgen und trennt somit die Zeit dualistisch auf. Indem sie die politisch handelnden Menschen anhält, sich gemäß der von der Gottheit ausgegebenen Regeln zu verhalten, um beim *Jüngsten Gericht* – also Morgen – möglichst viele Pluspunkte aufweisen zu können, führt eine theistisch-dualistische Religiosität zudem zu einer heteronomen Ethik und begründet auf diese Weise eine instrumentelle Haltung im Alltag und in der Politik: „Im Grunde genommen appelliert diese Religion also an den Geiz".[58] Alles wird zu einem Instrument im Hinblick auf das Morgen – auch Menschen werden zu Instrumenten und Objekten verwandelt. Sie werden zum Mittel für einen vermeintlich höheren Zweck, wobei Mittel und Zweck wiederum dualistisch aufgetrennt werden – der Zweck heiligt die Mittel. Nur in einer solchen Sinn-Kultur konnte – wie Max WEBER gezeigt hat – die kapitalistische Wirtschaftsweise entstehen und sich ebenso durchsetzen wie das dauerhafte Streben nach sozialem und technischem Fortschritt.[59]

Will man eine politische Ethik begründen, die helfen kann, gute Politik zu gestalten, kann eine dualistische Metaphysik keinesfalls die Grundlage bilden. Da dualistische Denkmuster – mit Ausnahme etwa von HERAKLIT, der ein Zeitgenosse von LAOTSE war – auch den überwiegenden Ausgangspunkt der meisten westlichen politischen Philosophien darstellen, können auch diese kein geeigneter Referenzpunkt für die Begründung einer politischen Ethik sein. Aber auch die islamische Philosophie nicht, denn diese ist ebenso durchgängig von einem dualistisch-theistischen Ansatz geprägt.[60] Szientistische Ansätze wie etwa der Versuch von Richard DAWKIN, eine politische Ethik ausschließlich aus der Evolutionstheorie DARWINS zu begründen, greifen meines Erachtens ebenfalls zu kurz, denn sie können die Sinn-Fragen, denen sich der Mensch immer gestellt sieht, nur unbefriedigend beantworten – insbesondere die Frage nach dem *Wozu*: Warum gibt es überhaupt lebendige, formbildende Materie, die der Evolution unterworfen ist?[61]

Man kommt also niemals um eine metaphysische Begründung von Politik und politischer Ethik herum, und hier bieten LAOTSE und der Daoismus, BUDDHA und der Buddhismus sowie der Hinduismus bessere Konzepte an als die westlichen Metaphysiken. Denn diese Weltanschauungen bauen auf systemischen, ganzheitlichen Kosmologien auf: Alles hängt mit allem zusammen, jedes Ding wird durch ein anderes verursacht, alles ist im Fließen.[62] Der Mensch steht nie außerhalb dieses ganzheitlichen Seins-Zusammenhangs, er ist immer in Verbindung mit allem, jede Handlung wirkt folglich auf ihn zurück: „Bei allem, was wir tun, gibt es Ursache und Wirkung [...] immer haben wir es mit den Auswirkungen von Handlungen zu tun: unseren Handlungen."[63]

Am hier vom DALAI LAMA formulierten *Karma-Konzept* wird jedoch ein wichtiger Unterschied zwischen Buddhismus und Daoismus deutlich, der den Buddhismus als Grundlage einer politischen Handlungsethik zunächst weniger geeignet erscheinen lässt als den Daoismus: Mit dem Konzept der Wiedergeburt, das BUDDHA aus dem Hinduismus übernommen hat, kommt ein Moment der Transzendenz ins Spiel. Gutes Handeln wird nicht nur hier und heute durch die Freiheit von Leiden belohnt, sondern auch in einem oder mehreren weiteren Leben, ebenso wird schlechtes Handeln mit weiterem Leiden in zukünftigen Leben bestraft. So finden sich bei BUDDHA Vorstellungen von Hölle und Fegefeuer, die den christlichen in nichts nachstehen. Der Schlechte, so BUDDHA, wandelt „[...] wenn sein Leib zerbricht, jenseits des Todes den Unglückweg, den bösen Gang, zur Verdammnis, zur Hölle."[64]

Jenseits dieser transzendenten Elemente hat der Buddhismus jedoch sehr gegenwarts- und alltagsbezogene Geistes-Techniken entwickelt sowie sehr plausible Einsichten zur Geistespflege formuliert, die – wie vor allem Stephen BATCHELOR betont – nicht zwangsläufig mit einem kruden Höllenglauben in Verbindung gebracht werden müssen. Insbesondere beinhaltet der Buddhismus keine theistische Kosmologie und kann nach Ansicht des Religionskritikers Sam HARRIS auch von daher wertvolle Impulse für eine politische Handlungsethik geben.[65] Denn im Zentrum der von BUDDHA gelehrten *Vier Edlen Wahrheiten* und des *Achtfachen Pfads* steht vor allem das Ziel, Leiden zu vermeiden und weitgehend leidfrei ein gutes Leben zu leben – und dieses Ziel muss nicht unbedingt transzendent, sondern kann allein aus einem Interesse am guten Leben im Diesseits heraus begründet werden:

> *DIE VIER EDLEN WAHRHEITEN BUDDHAS: 1. Alles Dasein ist leidvoll und unbefriedigend. Alles ist Leiden: Geburt, Krankheit, Tod, Vereinigung mit dem, was man nicht liebt, das Nichterlangen dessen, was man liebt, und die Fünf Gruppen des Anhaftens (skandhas), die die Persönlichkeit bilden. // 2. Die Ursache des Leidens ist das Begehren, der Durst nach Sinnenlust, Werden und Vergehen. [...] // 3. Dem Leiden kann durch die restlose Aufhebung des Begehrens ein Ende gesetzt werden. // 4. Das Mittel zur Beendigung des Leidens ist der Achtfache Pfad.*

DER ACHTFACHE PFAD: 1. Rechte Erkenntnis, 2. Rechter Entschluss, 3. Rechte Rede, 4. Rechtes Handeln, 5. Rechter Lebenserwerb, 6. Rechte Anstrengung, 7. Rechte Achtsamkeit, 8. Rechte Versenkung.[66]

Im Vergleich zum Buddhismus ist der Daoismus radikal immanent, er begründet gutes Handeln allein aus dem guten Leben in der Gegenwart, aus dem Hier-Sein. Der Daoismus hat seinen Namen auch nicht von einem vermeintlichen Stifter oder Propheten erhalten, sondern nach seinem zentralen Begriff. Seine Inhalte entstammen zudem keiner göttlichen Offenbarung, sondern der Beobachtung bio-physikalischer Vorgänge. Der Daoismus ist von daher aus Sicht des chinesischen Philosophen Lin YUTANG „[...] eine für einen Wissenschaftler annehmbare Religion [...]. [Das Dao; PD] ist unpersönlich, unparteiisch und kümmert sich nur wenig um Einzelwesen. Es ist immanent, formlos, unsichtbar und ewig".[67]

Dies gilt allerdings nur für den Daoismus vor seiner Begegnung mit dem Buddhismus, der etwa zu Beginn des ersten Jahrhunderts u. Z. nach China kam. Mit der Deifizierung von LAOTSE im Jahr 166 u. Z. und der allmählichen Übernahme buddhistischer Denkfiguren setzte sich auch in Teilen des Daoismus eine transzendente Begründung von Ethik durch: Der Daoismus wurde zu einer formalisierten Religion. Vor diesem Hintergrund hat sich in der Daoismus-Forschung eine Unterscheidung zwischen religiösem und philosophischem Daoismus entwickelt. Und es ist gerade der philosophische Daoismus, der in den Schriften des *Tao-Te-King*, des *Zhuangzi*, des *Nei Yeh* sowie des *Huainanzi*, die alle im Zeitraum zwischen etwa 500 und 100 v. u. Z. entstanden sind, eine in ihrer Art einmalige politische Ethik, bestehend aus nicht-dualistischer Metaphysik, Körper-, Geistes- und Gemeinwesenpflege entwickelt hat.

Dao und gute Politik – Selbstsorge und Fremdsorge als untrennbare Einheit

Der daoistischen Kosmologie zufolge ist das ganze Universum mit einer Energie angefüllt, aus der alle Dinge und Lebensformen hervorgehen. Diese kosmische Energie ist *Qi*. Die Existenzformen in der Welt bedürfen keines Schöpfers, sondern nur des Zusammenspiels von zwei Kräften – von Yin und Yang als die beiden Pole des Qi:

> *Der Weg [das Dao; PD] erzeugt eins, // eins erzeugt zwei // zwei erzeugt drei, // drei erzeugt die zehntausend Dinge. // Die zehntausend Dinge verwirklichen sich durch Yin und Yang; // sie sind im Einklang durch das Zusammenspiel dieser beiden Kräfte. [...].*[68]

Das permanente Wechselspiel von Yin und Yang lässt den Fluss des SEINs entstehen – das Dao oder den WEG.[69] Ying und Yang stehen sich dabei nicht dualistisch und sich gegenseitig ausschließend gegenüber, sie bilden eine polare Einheit – sie sind im Sinne von Niels BOHR komplementär.[70] Das Dao und seine Entwicklungsprinzipien sind immer gegenwärtig, sie finden sich in jeder Lebensform – auch in unserem Körper. Mikrokosmos und Makrokosmos sind eins, im Sinne des Schmetterlings hat das SEIN eine fraktale Geometrie:

> *Meister Ostweiler befragte den Dschuang Dsï [Zhuangzi; PD] und sprach: »Was man den SINN [das Dao; PD] nennt, wo ist er zu finden?« // Dschuang Dsï sprach: »Er ist allgegenwärtig«. // Meister Ostweiler sprach: »Du mußt es näher bestimmen.« // Dschuang Dsï sprach: »Er ist in dieser Ameise.« // Jener sprach: »Und wo noch tiefer?« // Dschuang Dsï sprach: »Er ist in diesem Unkraut.« // Jener sprach: »Gib mir ein noch geringeres Beispiel!« // Er sprach: »Er ist in diesem tönernen Ziegel.« // Jener sprach: »Und wo noch niedriger?« // Er sprach: »Er ist in diesem Kothaufen.« // Meister Ostweiler schwieg stille.*[71]

Der Fluss des SEINs gestaltet sich nach bestimmten Ordnungsprinzipien, wobei neben Polarität und Verwobenheit die Tendenz zum Ausgleich als ein zentrales Charakteristikum des Dao-Wegs verstanden werden muss:

> *Der Weg des Himmels ist wie ein gespannter Bogen: // Das Hohe drückt er nieder, // das Tiefe hebt er hoch. // Was zuviel ist, wird vermindert. // Was zuwenig ist, wird vermehrt. [...].*[72]

In diesem Prozess des fließenden SEINs ist der Mensch nur eines unter vielen Geschaffenen, er hat keine besondere Stellung inne, er ist weder die Krone der Schöpfung noch ein Ebenbild eines Schöpfergotts. Die daoistische Kosmologie ist nicht anthropozentrisch. Das Dao wirkt in allen Wesen auf gleiche Weise und beeinflusst alle Wesen gleichermaßen: „Himmel und Erde nehmen keine Rücksicht // und behandeln die zehntausend Dinge // wie Opfertiere aus Stroh [...]".[73]

Gute Politik macht der, der in der Lage und willens ist, sich in diesen Fluss des SEINs – in das Dao – einzufühlen und gemäß dessen Ordnungsprinzip zu handeln.[74] Jeder Versuch, gegen das Dao zu agieren, ist mit Misserfolg und Zerstörung verbunden. Jede Form von Gewalt, mit der etwas erzwungen werden soll, jeder Macher-Wahn ist mit dem Dao nicht vereinbar:

> *Die Welt erobern und behandeln wollen, // ich habe erlebt, daß das mißlingt. // Die Welt ist ein geistiges Ding, // das man nicht behandeln darf. // Wer sie behandelt, verdirbt sie, // wer sie festhalten will, verliert sie. // Die Dinge gehen bald voran, bald folgen sie, // bald hauchen sie warm, bald blasen sie kalt, // bald sind sie stark, bald sind sie dünn, // bald schwimmen sie oben, bald stürzen sie. // Darum meidet der Berufene // das Zusehr, das Zuviel, das Zugroß.* [75]

An dieser Stelle wird ein weiteres zentrales Charakteristikum des Daoismus im Besonderen und aller asiatischen Kosmologien sowie der darauf aufbauenden politischen Ethiken im Allgemeinen deutlich: Sie begründen einen engen Zusammenhang von gutem politischen Handeln und Selbstkultivierung in dem Sinne, dass der politisch Handelnde aufgefordert wird, seine Geistes- und Körperkräfte dergestalt zu schulen, dass er in der Lage ist, sich in das Fließen des Seins, in das Dao einfühlen zu können – man kann mit James LOVELOCK auch sagen: Er soll ein Gespür für GAIA entwickeln.

Gute Politik beginnt folglich immer beim Einzelnen: „Verliert man den WEG, dann kann man überhaupt nichts erreichen".[76] Dementsprechend haben alle asiatischen Kosmologien spezifische Techniken zur Geistesschulung entwickelt, wobei der Daoismus ebenso wie der Yoga zusätzlich besonderen Wert auf die Pflege des Körpers legen. Im Gegensatz zur westlichen Vernunftethik, wie sie in besonderer Weise von Immanuel KANT formuliert wurde, bilden Körper und Geist im Daoismus immer gleichwertige Elemente politischer Ethik, sie lassen sich niemals trennen. Der Daoismus ist nicht körperfeindlich. In der Haltung zum eigenen Körper spiegelt sich vielmehr die Haltung zur Welt: „Ein unversehrtes Herz kann man nicht verstecken. Man erkennt es an der Haltung und an der Farbe der Haut".[77]

Drei Schätze – Regulierungsethik statt Regelethik

Dieses Sich-Einfühlen, dieses Mit-Schwingen im Dao, das spontane Handeln aus einem positiven In-Resonanz-Sein mit dem Fließen des SEINS ist *WuWei*:

> *[...] Wer zuviel tut verdirbt es [das Dao; PD]; // wer sich an etwas klammert, // verliert es. Weil der Weise beim Nicht-Tun [WuWei; PD] bleibt, // verdirbt er nie etwas; weil er sich an nichts klammert, // geht ihm nichts verloren.*[78]

Wer mit dem Fließen des SEINS verbunden ist, hat *De* – Kraft, Energie zum richtigen Handeln. *WuWei* bedeutet folglich nicht, nichts tun, sondern Handeln im Einklang mit den Ordnungsprinzipien des SEINS. Dazu gehört dann eben auch, Tun und Machen sein zu lassen, wenn es die Umstände erfordern, die Illusion der Kontrolle anzuerkennen – ansonsten ergeht es einem wie dem Bauern aus Sung:

> *Man darf es nicht machen wie jener Mann aus Sung. Es war einmal ein Mann in Sung, der war traurig darüber, daß sein Korn nicht wuchs, und zog es in die Höhe. Ahnungslos kam er nach Hause und sagte zu den Seinigen: Heute bin ich müde geworden, ich habe dem Korn beim Wachsen geholfen. Sein Sohn lief schnell hinaus, um nachzusehen, da waren die Pflänzchen alle welk.*[79]

Das Dao, der Fluss des SEINS, hat im Wesentlichen also drei Ordnungsprinzipien: Verwobenheit, Prozesshaftigkeit und Ausgleich. Exemplarisch zeigen sich diese beim Wasser, Wasser ist von daher *das* Symbol für das Dao:

> *Das höchste Gute gleicht dem Wasser. // Weil Wasser den zehntausend Dingen nützt, // ohne mit ihnen zu streiten, // und selbst dahin fließt, // wo kein Mensch sein mag, // kommt es dem Weg [Dao; PD] nahe. [ ].*[80]

Aus diesen Eigenschaften des Dao begründen sich spezifische Leitbilder, die das politische Handeln bestimmen sollten – die drei Schätze:

> *[...] Ich habe drei Schätze, // die ich hege und pflege. // Der erste heißt: Mitgefühl; // der zweite heißt: Genügsamkeit; // der dritte heißt: nicht danach streben, in der Welt an der Spitze zu sein. [...].*[81]

Die Kunst guter Politik besteht nun darin, diese Leitbilder situativ angemessen anzuwenden und umzusetzen, indem man sich in den Fluss des SEINS einfühlt, mit-schwingt und aus der Situation heraus das Angemessene umsetzt. Im Daoismus gibt es keine festen Regeln – wie etwa die zehn Gebote im Christentum: Der Daoismus besitzt eine Regulierungsethik, das Christentum eine Regelethik. Im Daoismus gibt es kein *Richtig* und *Falsch* an sich, vielmehr bestimmt der jeweilige Kontext die Angemessenheit einer Handlung: „Darum handle nicht starr nach einem immer gleichen Muster, // denn damit würdest du dich mit dem WEG [Dao; PD] entzweien".[82] Ziel ist und bleibt es, immer dem Dao und seinen Ordnungsprinzipien gemäß zu handeln, denn allein auf diese Weise kann Politik erfolgreich gestaltet werden: „Wer das große Bild [das Dao; PD] umfaßt, // zu dem kommt die Welt. // Sie kommt zu ihm und nimmt keinen Schaden // und findet Ruhe, Frieden, Seligkeit".[83]

Zusammen mit LAOTSE begegnet einem spätestens an dieser Stelle KONFUZIUS und mit ihm die vier großen Schriften des Konfuzianismus: die *Gespräche* (*Lünyu*), *Maß und Mitte*, *Das große Lernen* und *Menzius*. Die politische Ethik, die der Konfuzianismus entwirft, ist im Hinblick auf gute Politik und im Hinblick darauf, ob man mit ihm die Welt ein bisschen besser machen kann, nicht leicht zu beurteilen. Denn zum einen teilt KONFUZIUS mit dem Daoismus die nicht-dualistische Kosmologie, ist radikal diesseitig ausgerichtet und postuliert wie der Daoismus einen engen Zusammenhang von guter Politik und Selbstkultivierung:

> *Vom Kaiser bis zum gemeinen Mann müssen alle die Pflege des Eigenlebens als Wurzel oder Grundlage betrachten. Es kann nie einen ordnungsgemäßen Schössling oder Oberbau geben, wenn die Wurzel oder der Unterbau in Unordnung sind.*[84]

Deutlicher als der Daoismus formuliert der Konfuzianismus in seinen zentralen Schriften ein positives Menschenbild, auf das er seine politische Ethik aufbaut, wobei er jeden Menschen als zum Mitfühlen fähig sieht: „Die natürlichen Triebe tragen den Keim zum Guten in sich; das ist damit gemeint, wenn die Natur gut genannt wird. Wenn einer Böses tut, so liegt der Fehler nicht in seiner Veranlagung".[85] Hiervon ausgehend hat KONFUZIUS schon etwa 600 Jahre vor JESUS und weit vor Immanuel KANT die *Goldene Regel* formuliert. Zentrales Leitbild menschlichen Miteinanders und guten politischen Handelns soll Gegenseitigkeit bzw. Mitmenschlichkeit sein:

> *»Gibt es ein Wort, das ein ganzes Leben lang als Richtschnur des Handelns dienen kann?«* // *Konfuzius antwortete: »Das ist gegenseitige Rücksichtnahme. Was man mir nicht antun soll, will ich auch nicht anderen Menschen zufügen.«* [86]

Im Gegensatz zu den Daoisten will KONFUZIUS gute Politik jedoch gestalten, indem er allgemeingültige Verhaltensnormen vorformuliert und seine Konzepte von Menschlichkeit und Rechtschaffenheit für die unterschiedlichen Beziehungsmuster in Gruppen bzw. Gesellschaften inhaltlich genau bestimmt, wobei die politische Ordnung, die er anstrebt, letztendlich eine patriarchal-feudalistische ist: „Der Fürst sei Fürst, der Diener sei Diener; der Vater sei Vater, der Sohn sei Sohn".[87] In der Familie, die im Konfuzianismus eine bedeutende Stellung als Keimzelle des Sozialen einnimmt, bedeutet Rechtschaffenheit bedingungslose Elternliebe, im Staat bedingungslose Loyalität zum Herrscher. Die Elternliebe soll sogar so weit gehen, ein Verbrechen des Vaters zu decken: „Der Vater deckt den Sohn und der Sohn deckt den Vater. Darin liegt auch Ehrlichkeit".[88] Diese fixen ethischen Verhaltensnormen, die die Konfuzianer zudem in spezifischen Ritualen zelebrieren möchten, kritisieren die Daoisten als zu starr: „Warum haben wir noch nicht gemerkt, dass das Wissen der [konfuzianischen; PD] Weisen zu Fußeisen und Halskrägen, dass [deren Konzepte von; PD] Menschlichkeit und Rechtschaffenheit zu Banden und Fesseln für uns werden können?".[89]

Starre Moralprinzipien beinhalten zudem die Gefahr von Heuchelei sowie Bigotterie und sind eigentlich Ausdruck dafür, dass Gesellschaft und Politik das Dao schon verloren haben:

> *verloren ging das große Dau – // güte und rechtschaffenheit entstand // hervortrat die klugheit – // die große heuchelei entstand // zerrissen war die sippe – // der familiensinn entstand // in wirrnissen zerfiel der staat – // der treue minister entstand.*[90]

Etikette ist nichts anderes als „[...] die Quelle von Unordnung".[91] Wahre Menschlichkeit ist vielmehr die, an die man beim Handeln nicht denken muss, die man spontan in Kontakt zum Dao ausführt. Wahre Tugend kommt nach Ansicht der Daoisten aus sich selbst:

*Ein wirklich tugendhafter Mensch // bemüht sich nicht um
seine Tugend, // darum ist er tugendhaft. // Ein scheinbar tugendhafter Mensch // bemüht sich dauernd um seine Tugend,
// darum ist er nicht wirklich tugendhaft. // Ein wirklich tugendhafter Mensch // pflegt das Nicht-Tun, // und doch bleibt
bei ihm nichts ungetan. // Ein scheinbar tugendhafter Mensch
// will dauernd etwas tun, // und doch bleibt vieles ungetan. //
Ein wirklich gütiger Mensch pflegt das Tun, // aber er hat keinen Beweggrund. // Ein wirklich gerechter Mensch // pflegt
das Tun, // aber er hat einen Beweggrund. // Ein wirklich mo-
ralischer Mensch // pflegt das Tun, // und wenn er kein Echo
findet. // Krempelt er die Ärmel hoch // und versucht, durch
Gewalt zu überzeugen. [...].[92]*

Fazit:
Der Daoismus als Ethik und Spiritualität des Lebendigen

Die daoistischen Philosophie denkt vom Lebendigen her. Lebendig
ist, was aus sich selbst entsteht in der Interaktion polarer Kräfte: „Polarität ist in einer evolutiven Welt ein ständig arbeitendes, aber auch
ständig neu entstehendes Prinzip. [...] Polarität ist der Motor des
Lebendigen".[93] Wie LAOTSE und die Daoisten zeigen, gibt es in diesem selbstorganisierten Prozess des lebendigen SEINs keinen Stillstand: „Unter dem Himmel gibt es nichts, das nicht zunähme und
abnähme und das während der Dauer seiner Existenz unverändert
bliebe [...]".[94] Dinge sind niemals an sich existent, sie entstehen immer
durch gegenseitige Beeinflussung: „Die Myriaden Dinge sind also eine
Einheit [...]".[95] Von daher kann aus Sicht der Daoisten eine reduktionistische Herangehensweise Wirklichkeit niemals adäquat abbilden,
sie trennt das Netz des Lebendigen unzulässigerweise auf: „Etwas
aufteilen heißt etwas anderes erzeugen [...]".[96] Nicht zuletzt aus diesem Grund ist das lebendige SEIN niemals bis ins Letzte kontrollierbar: „[...] der Putsch des Eingriffs stört sein Walten".[97]

Vom Lebendigen her gedacht ist es sinnlos und nur mit massiven
Einsatz von Energie – etwa in Form von Gewalt – möglich, übermä-
ßig materielles oder symbolisches Kapital zu horten: „[...] wenn ein
Laden voller Gold und Edelsteine ist, // ist es fast unmöglich, ihn zu
schützen; // wer nach Titeln und Reichtum strebt, // dem folgt das
Unglück ganz von selbst. [...]".[98] Denn im Netzwerk des lebendigen
SEINs wird sich immer die Tendenz zum Ausgleich durchsetzen:
„[Das Streben zum] Gleichgewicht ist das höchste Weltgesetz".[99] Mit
dieser These formulierte der Daoismus genau genommen schon ein

zentrales Gesetz der Thermodynamik, der Daoismus könnte von daher auch als eine politische Ethik der Thermodynamik verstanden werden – und damit zugleich als Ethik des Lebendigen. Er nimmt hier entsprechende Überlegungen, die sich im Kontext der Nachhaltigkeitsdebatte seit den 1990er Jahren bei Herman DALY oder bei Nicholas GEORGESCU-ROEGEN finden, im Ansatz voraus.[100]

Der Gegensatz zum Lebendigen ist die Maschine. Eine Maschine ist ein Mechanismus, der unter allen Kontextbedingungen in gleicher Weise funktionieren soll. Maschinendenken ist dekontextualisierendes Denken, baut auf instrumentellem Wissen auf und wirkt von daher zerstörerisch auf den Fluss des SEINs und letztendlich wieder auf den Menschen selbst:

> *Ich habe meinen Lehrer sagen hören, dass da, wo maschinelle Vorrichtungen sind, die Dinge auch bald auf maschinelle Weise getan werden und dass der, der die Dinge maschinell tut, auch bestimmt ein Maschinenherz hat. Wenn du aber ein Maschinenherz in der Brust hast [...] dann kann der WEG nicht gegangen werden.[101]*

Im Zusammenhang der Kritik am Maschinendenken forderte LAOTSE schon gut ein Jahrhundert vor SOKRATES, eine generelle Beschränktheit des Wissens anzuerkennen: „Wer weiß, dass er nicht weiß, // ist der Höchste [...]“.[102] Denn auch wenn unsere Detail-Wissen in vielen Lebens-Bereichen umfassend und profund sein mag, so muss – wie auch der Schmetterling gezeigt hat – unsere Prozess- und Systemwissen in einer lebendigen Welt immer defizitär bleiben: wir können nicht wissen, wie sich soziale und bio-physikalische Systeme, wie sich lebendige Materie über die Zeit in unterschiedlichen Kontexten entwickeln. So wissen wir kaum etwas über die Synergieeffekte von in die Umwelt eingeleiteten Schadstoffen, über die langfristigen Effekte von ausgebrachten gentechnisch manipulierten Organismen und Pflanzen sowie von Nanoteilchen, über die konkreten Effekte der Erderwärmung auf ökologische Kreisläufe in unterschiedlichen Regionen der Welt, über den genauen Ablauf genetischer Regulation im epigenetischen Netzwerk, über die Effekte von der Strahlung durch die Mobilfunk-Antennen oder Mobilfunk-Telefone usw. Angesichts dessen und noch vieler anderer Wissenslücken[103] plädiert die daoistische Philosophie zu einer gewissen Demut im Umgang mit der lebendigen Welt: „Wissen, welches haltmacht vor dem, was es nicht wissen kann, ist höchstes Wissen“.[104]

In Zusammenhang mit der Kritik an instrumentellem, auf die Gestaltung lebendiger Prozesse ausgerichtetem Wissen finden sich im Daoismus auch Anklänge des *radikalen Konstruktivismus* – und so wird generell die allgemeine Begrenztheit von Sprache betont: „Der Name ist nichts als eine Beifügung zur Wirklichkeit".[105] Wahrheit und Wirklichkeit fallen auseinander: „[...] ein Ding ist so, weil die Leute sagen, dass es so ist".[106] Die Welt entsteht immer im Geist: „Wolltest du behaupten, dass Richtig und Falsch bereits existieren, bevor sie im Geist als solche festgelegt werden?".[107] Von daher sollte der Geist beobachtet werden, jeder politisch Handelnde sollte lernen, seine Denkbewegungen und die Einflussfaktoren auf diese Denkbewegungen zu erkennen und bewusst zu gestalten – etwa seine Emotionen, seine Vorstellungen und Wünsche, seine Interessen und Motive: „Wann immer der Weise etwas unternimmt, versäumt er es nicht, sich hinsichtlich seiner Ziele und seiner Handlungen zu befragen".[108] Diese kontinuierliche Reflexion von Denkmustern ist auch der einzige Weg zu Selbstbestimmung und individueller Freiheit, zu einem lebendigen Da-Sein. Denn wirklich frei ist nicht der, der sich staatlicher Regulierung widersetzt, sondern frei ist von starren, beengenden und damit leid-verursachenden Denk- und Handlungsmustern:

> *Wenn erst die Leute sich auf ihr eigenes Augenlicht verlassen, so gibt's auf der Welt keinen leeren Schein mehr. Wenn die Leute sich erst auf ihre eigenen Ohren verlassen, so gibt's auf der Welt keine Verstrickungen mehr.*[109]

Mit diesem Freiheitsbegriff geht der Daoismus weit über den Freiheitsbegriff westlicher politischer Philosophie hinaus. Im Gegensatz zu dieser bleibt individuelle Freiheit, insbesondere die Freiheit im Handeln, im Daoismus jedoch immer durch die Ordnungsprinzipien des SEINs beschränkt. Freiheit existiert im *WuWei*, im Mit-Schwingen mit dem lebendigen SEIN.

In einer lebendigen Welt kann es keine starren Regeln und allgemeingültige Handlungsmuster geben – das „[...] Harte und Starre [ist; PD] dem Tode nahe, // das Zarte und Nachgiebige // ist dem Leben nahe [...]".[110] Von daher besteht gutes politisches Handeln darin, sich ins Dao einzufühlen, an das fließende SEIN, an das Lebendige rückzubinden. Ganz im Sinne des Schmetterlings und der Chaostheorie liegt das Große dabei im Kleinen – jedes Individuum besitzt die Macht des Moments, jede Alltags-Handlung ist von Bedeutung: „[...] Eine Reise von tausend Meilen beginnt vor den Füßen".[111] Politische Steuerung muss von daher primär Selbststeuerung durch

Selbst-Kultivierung sein, die Ausbildung von Geisteskräften, um jeweils situativ angemessen nach den Ordnungsprinzipien des Dao handeln zu können und sich in den Prozess des Lebendigen einzufügen. Keine gute Politik ohne Selbst-Erkenntnis:

> *wer andere kennt, ist klug // wer sich kennt, ist weise // wer andere bezwingt, ist kraftvoll // wer sich selbst bezwingt, ist unbezwingbar // wer sich zu begnügen weiß, ist reich // wer sich durchsetzt, willensstark // wer sein wesen nicht verliert, währt lang // wer dahingeht, ohne zu vergehen, lebt ewig.* [112]

ACHTSAMKEIT UND POLITIK –
GUTE POLITIK IN EINER LEBENDIGEN WELT

Was bleibt nun übrig aus den Begegnungen mit DARWIN, dem Schmetterling und LAOTSE? Was können sie uns sagen, wie gute Politik aussehen soll? Ich denke, die Empfehlungen bezüglich guter Politik, die uns DARWIN, der Schmetterling und LAOTSE geben, lassen sich im Wesentlichen in drei Punkten zusammenfassen. Gutes politisches Handeln zeichnet sich aus durch: System-Denken, Dialogisches Kommunizieren, Achtsamkeit im Handeln. Wenn ich diese Bausteine im Folgenden näher beschreibe und dabei von *guter Politik* spreche, gehe ich von einem weiten Politikbegriff aus und meine damit gutes politisches Handeln auf den unterschiedlichen gesellschaftlichen Ebenen und in den unterschiedlichsten Zusammenhängen: in der Familie ebenso wie am Arbeitsplatz oder in der Freizeit. Wenn ich die auf Gesetzgebung abzielende Politik meine, gebrauche ich den Begriff *staatliche Politik*.

Systemisch Denken – Die Welt beginnt im Geist

Systemisches Denken bedeutet, immer in Wechselwirkungen zu denken, immer Dynamiken zu denken und immer kontextuell zu denken.

Wechselwirkungen denken

DARWIN, der Schmetterling und LAOTSE zeigen uns, dass die grundlegende Wechselwirkung, in der wir uns zu allererst denken müssen, die Wechselwirkung zur natürlichen Umwelt ist. Kein soziales System, kein Individuum agiert im luftleeren Raum, wie jedes Individuum hat auch jede Organisation einen Stoffwechsel: Sie verbraucht Ressourcen und erzeugt Entropie. Jede Handlung eines Individuums im bio-physikalischen Raum – etwa der Kauf eines Autos oder die Zubereitung einer Mahlzeit – schlägt unmittelbar oder mittelbar auf das handelnde Individuum zurück, aus dem systemischen Zusammenhang des Lebens gibt es kein Entkommen, GAIA ist überall. Erinnert sei in diesem Zusammenhang beispielsweise an die zunehmende Antibiotika-Resistenz von Organismen oder den Klimawandel oder die Verschmutzung der Luft mit Feinstaubpartikeln.

Aber auch jede Handlung im sozialen Raum hat mittelbar oder unmittelbar Konsequenzen auf andere und auf den Handelnden selbst, alle Handlungen sind miteinander verwoben:

Es gibt auf der Welt nichts, was nicht zu einem anderen in einem Wechselverhältnis stände. Aber nur von einem Teil ausgehend, kann man das nicht erkennen, erst aus dem Wissen von dem anderen kommt diese Erkenntnis.[113]

DARWIN, der Schmetterling und LAOTSE verweisen uns zugleich darauf, dass es in einem systemischen Zusammenhang niemals *einen* Schuldigen gibt, dass aber jeder am Zustandekommen eines Ereignisses einen Anteil hat – Beispiel Schulden- und Finanzkrise. Politik hat viele Orte und Akteure, Politik und Gesellschaft sind immer verwoben. Institutionen stellen nichts anderes dar als eine Verdichtung sich immer wiederholender Handlungen, eine Verdichtung individueller Handlungsmuster auf unterschiedlichen gesellschaftlichen Ebenen in unterschiedlichen Bereichen – in der Familie oder am Arbeitsplatz. Soziale Institutionen existieren niemals vor den Handlungen der Individuen, sind sie aber einmal etabliert, schränken sie die Handlungen der Individuen ein.[114] Es ergeben sich auf diese Weise selbstverstärkende Schleifen und die Entwicklung eines sozialen Systems geht immer in eine bestimmte Richtung, sie ist nur schwer zu korrigieren.

Macht wird gegeben – Systemischer Machtbegriff

In einem System gibt es keinen einzelnen Akteur, der alles reguliert. Eine solche Vorstellung resultiert aus einer dualistisch-mechanistischen Verzerrung. Eng mit dieser Vorstellung ist ein Machtbegriff verbunden, der im Wesentlichen von Max WEBER geprägt wurde, Macht mit machen (können) gleichsetzt und Machtbeziehungen nur in eine Richtung denkt: Macht heißt hier, gegen den Willen der anderen etwas machen können. Das ist aber genau genommen keine Macht, sondern Dominanz bzw. die Ausübung von Zwang und Herrschaft.

Macht wird im herkömmlichen Denken dementsprechend stets in einem Gegensatz von (mächtigem) Subjekt und (ohnmächtigen) Objekt gesehen – ganz in diesem Sinne erfolgt dann zum Beispiel die Interpretation der sogenannten *Machtergreifung* der Nationalsozialisten im Jahr 1933. Dass diesem Ereignis aber schon viele Ereignisse vorausgegangen waren, in denen Machtbeziehungen gestaltet wurden, und dass den Nazis letztendlich (von der Großbourgeoisie) die Macht *gegeben* wurde, dass die Nazis in den vorausgegangenen Reichstagswahlen große Zustimmung hatten, fällt bei einer mechanistischen Betrachtungsweise unter den Tisch. Ebenso wurde die Situation in der DDR interpretiert: Macht hatten Erich HONECKER, das Politbüro und das Ministerium für Staatssicherheit (Stasi). Dass die Stasi aber nur mächtig sein konnte, weil viele freiwillig als Spitzel mitmachten, weil sie dadurch der Stasi Macht und sich selber Bedeutung gaben, wurde nicht weiter reflektiert. Gleiches gilt für die Toten an der Mauer: Diese konnte es nur deshalb geben, weil Menschen bereit waren, den Schießbefehl auszuführen – also dem Politbüro Macht zu geben. Auch Donald TRUMP hat sich die präsidiale Macht in den USA nicht genommen, sie wurde ihm von seinen Wählern anvertraut.

Ein systemischer Machtbegriff, der sich an Hannah ARENDT orientiert, geht immer davon aus, dass Macht gegeben wird. Macht bedeutet, im Auftrag einer Gruppe zu handeln. Machtbesitz setzt immer Einverständnis – oder wie es Hannah ARENDT formuliert: Einvernehmen mit denjenigen voraus, die Macht geben. Gewalt ist immer ein Ausdruck von Schwäche, von Machtlosigkeit: „Nackte Gewalt tritt auf, wo Macht verloren ist".[115] Macht, so Hannah ARENDT, „kommt niemals aus den Gewehrläufen" – aus den Gewehrläufen kommt Zwang und Einschüchterung:

> *Macht entspricht der menschlichen Fähigkeit, nicht nur zu handeln oder etwas zu tun, sondern sich mit anderen zusammenzuschließen und im Einvernehmen mit ihnen zu handeln. Über Macht verfügt niemals ein Einzelner; sie ist im Besitz einer Gruppe und bleibt nur solange existent, als die Gruppe zusammenhält. Wenn wir von jemand sagen, er ‚habe die Macht', heißt das in Wirklichkeit, daß er von einer bestimmten Anzahl von Menschen ermächtigt ist, in ihrem Namen zu handeln.*[116]

Das Einvernehmen zwischen den vermeintlich *Mächtigen* und denjenigen, die Macht geben, kann ganz unterschiedliche Motive haben: materieller und immaterieller Gewinn oder ideologische Übereinstimmung. Von diesen Überlegungen ausgehend ist ein systemisches Machtverständnis besonders hilfreich bei der Analyse der allseits so beklagten ökonomischen Macht: Systemisch betrachtet nimmt sich MCDONALD'S keine Macht, sondern die Macht, die MCDONALD'S besitzt, wird ihm von den vielen Menschen gegeben, die täglich bei MCDONALD'S essen. Das gleiche gilt für AMAZON, für GOOGLE, für MICROSOFT, für FACEBOOK oder für die DEUTSCHE BANK.

Niemand wird gezwungen, sein Geld bei dieser Bank anzulegen bzw. dieser Bank sein Geld anzuvertrauen und ihr damit Macht zu geben. Die ominösen *Märkte* sind nur mächtig, weil immer mehr über Kredite finanziert wird – Konsumkredite (fürs Haus oder fürs Auto) ebenso wie die staatliche Verschuldung oder die (Riester-)Zusatzrente. Ebenso gibt es einen vermeintlich mächtigen *Trend* nur, weil alle sich im Einvernehmen in ihren Handlungen und ihren Denk-Mustern gleichschalten. Und so sind es immer Wechselwirkungen von Handlungen, die Machtstrukturen entstehen lassen.

Sich immer in Systemen sehen

DARWIN, der Schmetterling und LAOTSE legen uns also nahe, Macht nicht zu verwechseln mit Entscheidungsbefugnis. Angela MERKEL verfügt zwar über Entscheidungsbefugnis, hat mir gegenüber aber keine Macht, sie kann bestenfalls Zwang gegen mich ausüben und mich ggf. in Angst und Schrecken versetzen. Ich habe mit ihr und der CDU kein Einvernehmen und habe ihr deshalb auch bei der letzten Bundestagswahl keine politische Macht übertragen.

Die Begrenzung der Macht von Frau MERKEL sieht man übrigens auch sehr deutlich in ihren Handlungsmöglichkeiten gegenüber PUTIN oder TRUMP, die ihr keineswegs im Einvernehmen folgen. Auch mit den Sanktionen der EU gegenüber Russland ist keine Macht verbunden, die EU übt bestenfalls Zwang aus. Die sogenannte Ukraine-Krise ist dabei insgesamt gutes Beispiel von dualistisch-mechanischer Deutungskultur politischer Prozesse: Demnach war es PUTIN, der die Krim annektierte. Kaum ein Wort darüber, dass PUTINS Politik in Russland auf breite Zustimmung stößt, dass ihm also Macht gegeben wurde, dass er im Einvernehmen mit der Mehrheit der russischen BürgerInnen handelte. Und auch kein Wort darüber, welche Mit-Verantwortung die EU an dieser ganzen Situation hat, welche ihrer Handlungen auf welcher Weise zu dieser Situation beigetragen haben. Die EU und die beteiligten BerufspolitikerInnen der westeuropäischen Staaten tun so, als stünden sie außerhalb des Systems, der *Schuldige* bzw. der *Sündenbock* war schnell gefunden.

Ein gleiches Muster lässt sich erkennen bei der Interpretation der griechischen Staatsverschuldung: Schuld sind die vermeintlich faulen Griechen und ihre korrupten Politiker. Kein Wort davon, dass die EU-Bürokratie sehr wohl wusste, dass die Zahlen zur Staatsverschuldung nicht die Wirklichkeit widergaben, dass die deutschen Banken und die deutsche Rüstungsindustrie gut an der verschwenderischen Politik Griechenlands verdienten und von daher alle mitspielten. Das gleiche gilt momentan auch hinsichtlich der Behandlung der sogenannten Flüchtlingskrise. Dass der Westen und insbesondere die USA mit ihrem verschwenderischen Lebensstil und ihrer Politik einen wesentlichen Beitrag zur Verarmung vieler Menschen in der Welt und in ihrer Gier nach Rohstoffen zur Entstehung von Kriegen beitragen, bleibt in der öffentlichen Debatte ebenso weitgehend unberücksichtigt wie der Umstand, dass die profitsüchtige EU auf der Suche nach billigen Arbeitskräften immer mehr Länder in die Union aufnahm und durch den Export subventionierter Nahrungsmittel in Nord-Afrika massive Verarmungsprozesse anschob.

Dualistisch-mechanistische Deutungs-Muster finden sich aber nicht nur in der staatlichen Politik, sie finden sich auch im Alltag: Wir sehen uns dann nicht in Wechselwirkung und fragen nicht nach unserem Anteil am Zustandekommen einer Situation. Es wird messerscharf zwischen Täter und Opfer unterschieden – und die Täter sind dann die vermeintlich Schuldigen. Aber nur, wenn wir bereit sind, unseren Anteil an einer Situation und an ihrem Zustandekommen zu sehen und zu reflektieren, können wir Handlungsmuster verändern – das beginnt in der Familie und endet bei der Macht *der Märkte*: Was tue ich in meinem Alltag, was den Banken Macht gibt? Was habe ich über Kredite finanziert, wie viele Versicherungen habe ich abgeschlossen? Wo habe ich mein Geld fürs Alter angelegt? Systemisches Denken etabliert sowohl im Alltag als auch in der staatlichen Politik immer problemlösende Lernkulturen.

Gleiches gilt auch im Hinblick auf den islamistischen Terror: Nur wenn der Westen endlich bereit ist, seinen Anteil an dieser Situation, am Zustandekommen dieses maßlosen Hasses, der der westlichen Lebenskultur von Teilen der islamischen Welt entgegengebracht wird, zu reflektieren, seine imperiale Geschichte und arrogante Attitüde aufzuarbeiten, sein Sendungsbewusstsein zu hinterfragen und seine Handlungsmuster gegenüber den arabischen Staaten zu ändern, kommen wir aus dieser Sackgasse heraus. Natürlich muss das auch auf der Gegenseite geschehen, denn sie steht mit uns in einer systemischen Verwobenheit. Wie auch im ganz gewöhnlichen Alltag sind hier alle Seiten mit-verantwortlich für die Veränderung der Situation.

Dynamiken denken

Immer in Wechselwirkungen denken bedeutet auch, sich von der Idee zu verabschieden, politisches Handeln zielgenau ausrichten zu können. Wie oben gezeigt, machen Handlungsdynamiken und Gruppendynamiken soziale Systeme immer zu nicht-linearen Systemen. Sie führen zu sozialer Emergenz – zu plötzlich Neuem, Ungewollten:

Am 1. Dezember 1955 ließ sie sich nach einem langen Arbeitstag im vorderen Teil eines Busses in der Stadt Montgomery in den USA nieder. Als der Fahrer sie aufforderte, den Platz einem Weißen freizumachen, weigerte sie sich. Der Busfahrer alarmierte daraufhin die Polizei. Rosa Parks wurde verhaftet und wegen Störung der öffentlichen Ruhe verurteilt. Als Reaktion auf dieses Urteil initiierten die dunkelhäutigen Einwohner der Stadt einen dauernden Boykott der öffentlichen Verkehrsmittel. Dadurch wurde der Vorfall in den gesamten Vereinigten Staaten bekannt und führte auch zu Protesten unter den Weißen mit der Folge, dass der oberste Gerichtshof der USA im Jahr 1956 die Segregation von Menschen in öffentlichen Verkehrsmitteln verbot. Organisiert wurde der Boykott der Verkehrsmittel in Montgomery von dem bis dahin noch weitgehend unbekannten, jedoch nun an Popularität rasant gewinnenden Martin Luther King – der Weg zu Barack Obama als ersten dunkelhäutigen Präsidenten der USA wurde also hier bereits angelegt.[117]

Politische Steuerungsmöglichkeiten in einer dynamischen Welt sind immer begrenzt. Zum Denken in Dynamiken gehört von daher, dass wir lernen, mit Unsicherheiten umzugehen. Gute staatliche Politik im Sinne von DARWIN, dem Schmetterling und LAOTSE würde Szenarien entwickeln und diese mit den wahrscheinlich möglichen Effekten den BürgerInnen zur Abstimmung stellen. Gleiches kann in jeder Organisation, selbst in der Familie geschehen. Entsprechende wissenschaftliche Methoden, mit denen Szenarien entwickelt und deren Folgen abgeschätzt werden können, gibt es seit Jahren. Grundlegender Gedanke ist dabei immer, dass wir in einer Welt voller Dynamiken nur noch in Wahrscheinlichkeiten denken können. Absolute Sicherheiten gibt es nicht. Unsere Welt ist jedoch voll von Beispielen suggerierter Sicherheit, welche dann in unvorhergesehenen Katastrophen mündeten: Die Atomkraftwerke in Fukushima sind hier wohl ein gravierendes, katastrophales Beispiel, häufige Zugverspätungen ein eher leicht zu nehmendes.[118]

Trotz dieser Unsicherheiten und der Unbestimmtheiten im sozialen Raum gibt es klare Rahmenbedingungen, die bei jeder Handlung berücksichtigt werden müssen: Das sind die Ordnungsprinzipien von GAIA oder des Dao. In diesem bio-physikalischen Rahmen vollzieht sich unser Handeln, d. h., diese Gesetze sollten wir immer reflektieren. Sie bestimmen unsere Handlungsmöglichkeiten in naher und ferner Zukunft. Die Thermodynamik macht bio-physikalische Prozesse unumkehrbar. Wenn wir infolge unseres Verlangens nach immer schnelleren Mobiltelefonen und aufgrund der damit verbundenen Nachfrage nach immer mehr Coltan in nächster Zukunft die Berggorillas in Kenia ausrotten, sind sie ein für alle Mal verschwunden, unsere Kinder und Kindeskinder werden einer Erfahrungsmöglichkeit für immer beraubt. Gleiches gilt auch für Trinkwasser, das durch unseren verschwenderischen Verbrauch immer knapper zu werden droht. Die Dürre in Kalifornien im Jahr 2015 gab eine erste Vorahnung davon, welche Folgen Wasserverknappung haben kann, von neuen Verteilungskriegen um diese lebenswichtige Ressource ganz zu schweigen.

Kontextuell denken

In meiner Beratungsarbeit wurde ich immer wieder mit dem Wunsch nach Check-Listen und Best-Practice-Beispielen konfrontiert, die von den Teilnehmenden in ihren Organisationen dann nachgeahmt werden könnten. Ich habe dies stets mit dem Hinweis abgelehnt, dass jede Organisation einmalig ist. In jeder Organisation oder Gruppe gibt es spezifische Machtbeziehungen und eine spezifische Ansammlung von Individuen mit ganz spezifischen Kompetenzen und Talenten, die jeweils spezifische Strategien erfordern. Jede Organisation oder Gruppe agiert zudem in einem jeweils einmaligen Kontext sozialer und bio-physikalischer Wechselwirkungen.

Machtressourcen und Erfolg – Der Kontext entscheidet

Ganz im Sinne von DARWIN, dem Schmetterling und LAOTSE resultiert Erfolg immer aus gelungener situativer Angepasstheit – es gibt in dynamischen Systemen, im Fließen des SEINs, kein an sich *Richtig* und *Falsch*, *Gut* und *Schlecht*. Erfolg ist immer kontextuell bestimmt. Eine Aussage wie *Qualität setzt sich durch* ist ein klassisches Produkt einer mechanistischen Denkkultur. Denn es wird nicht gesehen, dass es Qualität an sich nicht gibt, sondern der jeweilige soziale, kulturelle oder bio-physikalische Kontext darüber entscheidet, was Qualität ist.

Bei näherem Hinsehen sind solche eindimensionalen Aussagen über Qualität und Erfolg – wie sie sich auch zuhauf in Ratgeber-Büchern zur Lebensgestaltung finden – nichts anderes als eine Widerspiegelung der vorherrschenden mechanistischen Regelethik. Kontextualisierendes Denken kann demgegenüber für den Einzelnen oder für eine Gruppe sehr entlastend sein, wenn sich ein gewünschter Erfolg nicht einstellen mag. Denn die gewählten Maßnahmen müssen keineswegs an sich falsch, der Handelnde keineswegs durchweg unfähig sein. Er hat einfach den Kontext nicht richtig abgeschätzt oder den passenden Kontext, in dem er sich mit seinen Talenten entfalten kann, noch nicht gefunden:

> *Wer die Zeit trifft, dem gelingt es; wer die Zeit verfehlt, der kommt ins Verderben. Euer Weg war derselbe wie meiner, und doch ist der Erfolg verschieden; das kommt davon, daß ihr die Zeit nicht getroffen, nicht etwa davon, daß ihr in euren Taten es verfehlt hättet. Außerdem gibt es auf der Welt keine Wahrheit, die unter allen Umständen richtig wäre, und keine Handlung, die unter allen Umständen unrichtig wäre. Was in früheren Tagen gebraucht wurde, wird heute vielleicht verworfen. Was heute verworfen wird, wird später vielleicht gebraucht. Ob etwas gebraucht wird oder nicht gebraucht wird, das folgt nicht einer festen Regel. Wie man eine Gelegenheit benützt, die rechte Zeit trifft, den Verhältnissen sich anpaßt, dafür gibt es kein Rezept, das kommt alles auf die Klugheit an.*[119]

Kontextualisierendes Denken führt auch zu einer weiteren Differenzierung des für politisches Handeln so bedeutenden Machtbegriffs. Denn es legt nahe, dass es Macht an sich nicht gibt, sondern dass die Fähigkeit, Macht zu erlangen und Nachfolge herzustellen je nach Kontext differiert, von jeweils unterschiedlichen *Machtressourcen* abhängt. Machtressourcen kann man in Erweiterung des Konzepts von Pierre BOURDIEU unterteilen in ökonomisches, symbolisches, soziales (soweit BOURDIEU) und geistig-spirituelles sowie körperliches Kapital (meine Hinzufügungen). Aus einer kontextualisierenden Perspektive ergibt sich, dass keine dieser Kapitalarten per se wichtig und bedeutend ist, sondern wiederum der Kontext darüber entscheidet. Damit Menschen mich ermächtigen, in ihrem Namen zu handeln, kann es sein, dass ich viel Geld (= ökonomisches Kapital) benötige oder symbolisches Kapital (etwa einen akademischen Titel oder einen Adelstitel oder eine Auszeichnung) oder geistig-spirituelles Kapital (z. B. bestimmte rhetorische Fähigkeiten, einen bestimmten Kommunikationsstil, eine bestimmte Welt-Anschauung) oder ein bestimmtes körperliches Kapital – etwa eine bestimmte Körperfülle oder Hautfarbe oder Körpergröße oder einen bestimmten Habitus.

Von diesen Überlegungen ausgehend ergibt sich das Konzept der sogenannten *Kontextsteuerung* als ein wichtiger Bestandteil guter Politik. Kontextsteuerung zielt darauf, einen sozio-kulturellen Kontext so zu verändern, dass eine bestimmte Machtressource an Bedeutung verliert oder an Bedeutung gewinnt:

> *Erhöhet die Weisen nicht, // So daß die Leute keine Ränke spinnen und nicht streben; // Schätzet seltene Gegenstände nicht, // So daß die Leute nicht stehlen; // Entfernt aus der Sicht die Dinge des Begehrens, // So daß die Herzen der Leute nicht verwirrt werden.*[120]

Beispielsweise könnte staatliche Politik kontextsteuernd im Bereich der Drogenpolitik handeln und durch eine umfassende Legalisierung von Drogen in Verbindung mit der Vermittlung einer entsprechenden Drogenkompetenz an Schulen einen massiven Beitrag zur globalen Gewaltprävention leisten. Denn die um den illegalen Drogenkonsum organisierte Kriminalität bildet – wie Analysen des *Büros der Vereinten Nationen für Drogen- und Verbrechensbekämpfung* (UNODOC) zeigen – den gewichtigsten Kriminalitätsbereich weltweit. Durch eine Legalisierung des Drogenkonsums würde sich der sozio-ökonomische Kontext in diesem Feld in einer Weise ändern, dass bestehende Machtressourcen – etwa die Machtressource körperliche Stärke und Gewaltbereitschaft – ihre Bedeutung verlören. Kontextsteuerung erscheint mir auch im Umgang mit fundamentalistischen Weltanschauungen angemessen zu sein. Denn deren Attraktivität – etwa die des sogenannten *Islamischen Staates* – kann niemals durch Waffengewalt geschmälert werden. Es ist hinlänglich bekannt, dass die Attraktivität fundamentalistischer Weltanschauungen und weltanschaulich motivierter Gewalt – die Bedeutung der Machtressource geistig-spirituelles Kapital – aus einem sozio-ökonomischen Kontext entspringen, der durch Armut, Unsicherheit und wahrgenommener Respektlosigkeit gekennzeichnet ist. Es müssten von daher nicht Tornados nach Syrien, sondern entsprechend ausgebildete SozialarbeiterInnen in die sozialen Brennpunkte geschickt werden, aus denen sich IS-KämpferInnen rekrutieren.

Kontextsteuerung im Besonderen und kontextuelles Denken im Allgemeinen legen die Notwendigkeit nahe, Kontext-Sensibilität zu entwickeln, Intuition zu schärfen:

Ein Affenvater brachte [seinen Affen; PD] Stroh und sprach: »Morgens drei und abends vier«. Da wurden die Affen alle böse. Da sprach er: »Dann also morgens vier und abends drei«. Da freuten sich die Affen alle. Ohne daß sich begrifflich oder sachlich etwas geändert hätte, äußerte sich Freude oder Zorn bei ihnen.[121]

Jeweils kontextspezifisch angemessen zu reagieren ist aber nur dann möglich, wenn die entsprechenden mentalen, körperlichen und biophysikalischen Ressourcen überhaupt vorhanden sind, wenn in Organisationen, Gruppen und Gesellschaften stets auf entsprechende Ressourcen zurückgegriffen werden kann.

Vielfalt als Erfolgsrezept

Kontextuelles Denken steht im Gegensatz zum mechanistischen Denken, das Unterschiede ausblendet und einebnet. Mechanistisches Denken begegnet uns in unserer Gesellschaft vor allem in bürokratischen Regulierungen – etwa in der Schule oder im Gesundheitssystem. Alle Menschen werden gleich gemacht, sie werden in ihrer Unterschiedlichkeit nicht wahrgenommen. Auf diese Weise gehen individuelle Fähigkeiten und Potenziale verloren, die für die Entwicklung kontextspezifischer Strategien in einer dynamischen Umwelt ggf. benötigt werden. Denn wir wissen heute nicht, welche Talente und Fähigkeiten wir morgen zur Lösung welcher Probleme und Aufgaben benötigen: „[...] die Mannigfaltigkeit einzelner Persönlichkeiten ist der größte Reichtum der Welt".[122]

Die zentrale Strategie, die das Leben auf der Erde entwickelt hat, um mit den sich dauerhaft verändernden Kontextbedingungen umzugehen, heißt *Vielfalt*. Als die Dinosaurier ausstarben, weil sich das Klima auf der Erde verändert hatte, konnten sich die Säugetiere ausbreiten, die bis dahin in einer Nische lebten. Hätten die Dinos die Säugetiere ausgerottet, gäbe es heute uns Menschen nicht. Wir Menschen wiederum wären ohne unsere besondere Anpassungsfähigkeit an unterschiedliche Lebensräume heute nicht eine so zahlreiche Art.

Im Sinne VON DARWIN, dem Schmetterling und LAOTSE vom Lebendigen her denken heißt also Vielfalt schätzen und bewahren. Aber genau das Gegenteil geschieht heute: Tier- und Pflanzenarten, aber auch Kulturen und Sprachen werden ausgerottet. Durch die Abholzung des Regenwaldes berauben wir uns Pflanzen, deren Stoffe wir vielleicht morgen in der Konfrontation mit einer plötzlich auftretenden Krankheit gebrauchen könnten. In einer ausgerotteten Sprache hätten wir vielleicht einen Begriff finden oder Denkmuster entwickeln können, die uns ein befriedigenderes Modell von gutem Leben ermöglichen würden, als der vorherrschende westliche Materialismus:

> *In einer Gesellschaft, die – oft unbewußt – dazu neigt, einer früheren Fülle hervorragender Leistungen eine einheitliche Mittelmäßigkeit aufzuzwingen – zum Beispiel indem McDonald's den örtlichen Imbiss verdrängt und der Mega-Stop-Shop an die Stelle des Tante-Emma-Ladens tritt – kann die Kenntnis und Verteidigung des ganzen Spektrums der natürlichen Realität dazu beitragen, dass wir uns gegen den Strom stemmen und den reichhaltigen Rohstoff jeder Evolution bewahren: die Vielfalt selbst.*[123]

Managing Diversity – Potenziale erhalten

Jedes soziale System bzw. jede Gruppe etabliert eine Kultur, die ganz im Sinne von DARWIN selektiv gegenüber Denk- und Handlungsmustern wirkt. Alles, was nicht der *Normalität* in der Gruppe entspricht, gilt als abweichend bzw. fremd und wird abgewertet. Normalitätskulturen wirken immer homogenisierend, sie fordern die vermeintlich Fremden zur Anpassung auf. Wer fremd bleibt, wird diskriminiert, d. h., ihm wird der Zugang zu Gestaltungsressourcen verweigert bzw. erschwert. Fremd kann dabei jeder sein, er/sie muss nicht aus einem anderen Kulturkreis stammen. Fremdenfeindlichkeit richtet sich nicht nur gegen Flüchtlinge. Warnendes Beispiel sollte immer der Nationalsozialismus sein, der bestimmte Merkmale – etwa Homosexualität – quasi über Nacht zu Merkmalen *unwerten Lebens* erklärte. Aber auch in der ehemaligen DDR gab es eine Normalitätskultur, in der die *Asozialen* und die vermeintlichen *Klassenfeinde* ausgegrenzt wurden. Auch hierzulande generiert staatliche Politik Ausgrenzungsmuster, indem sie den mutmaßlich *Arbeitswilligen* die *Faulen* gegenüberstellt, den *richtigen Flüchtlingen* die *Wirtschaftsflüchtlinge* usw.

Leider hat der konservative Politiktheoretiker Carl SCHMITT noch immer Recht, dass ein Wesensmerkmal staatlicher Politik darin besteht, Unterscheidungen zwischen „Freund und Feind" zu etablieren.[124]

Das Muster der *In-Group-Out-Group-Bildung* ist so wirkmächtig, weil es in unserem menschlichen Handlungsrepertoire so tief verankert ist. Aber als Wesen, das über sein Denken nachdenken kann, sind wir diesem Muster nicht hilflos ausgeliefert. Gute Politik erkennt dieses Muster, ist ihm gegenüber sensibel und versucht es aufzuheben. Denn jede Art von Ausgrenzung bzw. Diskriminierung schränkt die Entfaltung von Potenzialen ein. Dementsprechend wurden Ansätze auf EU- und auf nationaler Ebene sowie auch in Wirtschaftsunternehmen entwickelt, mittels derer unter den Stichworten *Anti-Diskriminierung* und *Diversity Management* diesen Ausgrenzungs-Mechanismen entgegengewirkt werden soll. Diversity Management geht dabei über Anti-Diskriminierung hinaus, denn es will Organisationskulturen dergestalt verändern, dass die unterschiedlichen Talente und Fähigkeiten der Individuen genutzt und die unterschiedlichen Bedürfnisse besser berücksichtigt werden können. Gute Politik würde diese Ansätze aufgreifen, auf allen Ebenen politischen Handelns jeder Form von Diskriminierung und Ausgrenzung entgegenwirken, Normalitätskulturen in politischen Organisationen und politischer Verwaltung sowie Normalitätsvorstellungen in Gesetzen kritisch reflektieren und verändern.

Die Aufgabe, Vielfalt zu pflegen und Potenziale zu erhalten ist aber nicht auf kulturelle Ressourcen beschränkt, sondern zielt gleichzeitig immer auch auf die Erhaltung und Pflege bio-physikalischer Ressourcen. Von besonderer Bedeutung ist hier die Erhaltung der Artenvielfalt. Allerdings verschwinden gegenwärtig jeden Tag etwa 100 Arten unwiederbringlich von unserem Planeten. Das Besondere an diesem neuerlichen massiven Artensterben besteht darin, dass es zum ersten Mal in der Evolutionsgeschichte der Erde aus den Handlungen eines (vermeintlich intelligenten) Lebewesens resultiert – des Menschen. Biodiversität ist jedoch immer eine Art Rückversicherung in einer dynamischen Umwelt. Denn jede Art, die wir heute ausrotten, kann die Grundlage eines neuen Medikaments oder einer Nutzpflanze sein. Aber nicht nur aus Nützlichkeitsaspekten sollten wir die Arten schützen. Denn – wie uns DARWIN nahegelegt hat – verdient jede Art als besonderes Produkt der Evolution Respekt und Achtung, jede Art ist „[...] ein einmaliges Meisterstück und verdient von daher Wertschätzung und Respekt wie jedes Werk eines menschlichen Genius".[125]

Das Netz der Gewalt

Gute Politik ist eine flexible Politik, die situativ angemessen handelt und Vielfalt schätzt. Um optimale Strategien zu entwickeln, öffnet sie sich unterschiedlichen Denkmustern, sie ist sich Ausgrenzungsmechanismen bewusst und unterbindet diese. Strategische Flexibilität kann jedoch nicht grenzenlos sein – sie hat ihre bio-physikalischen Grenzen an den Organisationsprinzipien von GAIA. Auch Diversity ist nicht beliebig – kulturelle Vielfalt endet bei Denk-Mustern, die gleichwertige Vielfalt in Frage stellen, Menschen ausgrenzen und abwerten; Vielfalt endet zudem bei Handlungsmustern, die anderen Wesen vorsätzlich und bewusst Leiden zufügen – also gewalttätig sind. Gute Politik ist sich dabei zum einen immer bewusst, dass Gewalt nicht nur physische, körperliche Gewalt ist, sondern auch in verbaler oder psychischer, auf die Verletzung der Seele und den Geist zielender Form auftritt.

> *Wir sehen unsere eigene Gewalttätigkeit oft nicht, weil wir sie ignorieren. Wir halten uns nicht für gewalttätig, weil wir uns unter Gewalt einen Kampf, einen Mord, eine Schlägerei und Kriege vorstellen - alles Dinge, die »normale« Menschen »normalerweise« nicht tun. [...] Handlungen von »passiver« Gewalt, die mein Großvater als heimtückischer erachtete als »körperliche« Gewalt. Er erklärte dann, dass passive Gewalt letztendlich Ärger im Opfer erzeugt, das daraufhin gewalttätig reagiert, sei es als Individuum oder in einer Gruppe. Mit anderen Worten: Es ist die passive Gewalt, die Öl in das Feuer der körperlichen Gewalt gießt.*[126]

Gute Politik ist sich zum anderen bewusst, dass jede Form von Gewalt auch eine Reaktion auf eigene Gewalthandlungen darstellen kann. Denn Gewalt liegt gewissermaßen wie ein Netz negativer Energie über der Menschen-Welt, die Knoten kann man sich vorstellen als sichtbare Gewalteruptionen, die Verbindungslinien als die unsichtbaren Nah- und Fernwirkungen von physischen und psychischen Gewalthandlungen. Jede Gewalthandlung – sei es Ausbeutung von Mensch oder Natur, sei es Mobbing, sei es Diskriminierung, sei es Geringschätzigkeit, sei es Respektlosigkeit durch eine Karikatur, sei es Beleidigung durch ein Gedicht – kann sich in diesem Gewaltnetz ganz im Sinne des Schmetterlings über die Zeit sowie durch den Raum potenzieren und führt dann an dem einen oder anderen Ort unter bestimmten Kontextbedingungen zu einer massiven Gewalthandlung – wie etwa der Anschlag auf die Twin-Towers, das Selbstmord-Attentat auf eine U-Bahn in Spanien oder die Attentate von Paris und Berlin.

Ich habe im Laufe der Jahre in der Begegnung mit LAOTSE, aber auch BUDDHA und insbesondere GANDHI die Überzeugung gewonnen, dass Gewalthandlungen oder gar kriegerische Gewalt nur dann auf lange Sicht vermieden werden können, dass wir eine stabile Friedenskultur nur dann aufbauen können, wenn wir unsere alltägliche Gewalt – den *Mikroterror des Alltags* – in allen ihren unterschiedlichen Formen wahrnehmen, reduzieren und so versuchen, die bestehende Gewaltkultur von der Wurzel her zu verändern. Gewaltlosigkeit muss Mahatma GANDHI zufolge immer „[…] allumfassend sein. Ich kann nicht in einem Tätigkeitsbereich gewaltlos sein und in einem anderen gewaltsam".[127] Als Wesen, das über sein Denken nachdenken und sein Handeln verändern kann, sind wir dazu sehr wohl in der Lage.

Dialogisch kommunizieren – Verstehen wollen

DARWIN zeigt uns, dass die zentrale Strategie der Fitnessmaximierung des Menschen in der Gruppenbildung besteht. Selbstredend, dass im Zusammenleben von Menschen in Gruppen Konflikte nicht ausbleiben. Lange Zeit habe ich für meine Kommunikations- und Konflikttrainings nach einer sinnvollen und praktikablen Einteilung von Konflikten gesucht. Mir erschienen die herkömmlichen Einteilungen als viel zu unübersichtlich und damit als zu wenig anwendungsorientiert. Es war wieder die Begegnung mit DARWIN, die mir hier zu einer Lösung verhalf. Wie oben ausgeführt, ist DARWIN zufolge der Mensch ein Lebewesen, das zum Überleben Ressourcen benötigt, zum anderen ist der Mensch ein Sinn-Wesen, das immer auf der Suche ist nach Sinn und sich Sinn geben muss. Aus diesen beiden Eigenschaften des Menschen ergeben sich meines Erachtens zwei grundlegende Arten von Konflikten, die jeweils unterschiedlich gelöst werden müssen: Ressourcenkonflikte und Deutungskonflikte.

Ressourcen-Konflikt	Deutungs-Konflikt
Kompromiss	gegenseitiges Verstehen
Verhandlung	Dialog
Harvard-Konzept	Dialog-Methode
	© Peter Döge

Ein *Ressourcenkonflikt* entsteht aus einem gegensätzlichen Interesse von zwei oder mehr Individuen bzw. Gruppen bezüglich der Verteilung und des Zugangs zu einer Ressource, wobei Ressource mehr sein kann als Nahrung, Land oder Energie. Ressource kann auch sein: Zeit, Status, Gesundheit, Geld, Bildung u. v. a. m. Ein Ressourcenkonflikt kann bearbeitet werden durch Verhandlung der Konfliktparteien, Ziel ist ein Kompromiss – ein Ausgleich im Sinne des Dao. Als eine Verhandlungsmethode hat sich auch auf der Ebene der staatlichen Politik die sogenannte *Harvard-Methode* bewährt und durchgesetzt. Ein Hauptmerkmal dieser Methode besteht darin, die Beziehungs- und die Sachebene in Verhandlungen präzise zu trennen sowie nachvollziehbare Beurteilungskriterien für mögliche Kompromisse zu formulieren – hierin gleicht sie dem Dialog-Verfahren.

Dialog – Gemeinsames Ergründen

In einem *Deutungs- bzw. Weltanschauungskonflikt* ist ein Kompromiss nicht möglich. Denn wie soll ein Kompromiss aussehen im Konflikt zwischen Christentum und Islam um den vermeintlich richtigen Glauben, um den vermeintlich richtigen Zugang zu Gott? Ein Deutungskonflikt kann nur in einem Dialog gelöst werden.

Ein Dialog nach der am MASSACHUSETTS INSTITUTE OF TECHNOLOGY (MIT) in den 1980er Jahren von David BOHM und Bill ISAAC entwickelten Dialog-Methode hat allerdings mit den Dialogen in der staatlichen Politik – wie etwa die regelmäßig im Bundeskanzleramt stattfindenden Dialogveranstaltungen mit Migranten- oder Bildungs- und Wissenschaftsorganisationen, die im Grunde nur dazu dienen, dass die Teilnehmenden sich gegenseitig ihr Meinungen sagen und dann wieder gehen – lediglich den Namen gemeinsam. In ihnen finden wir keine Ansätze zum „echten Gespräch", die Martin BUBER zufolge die Grundlage eines jeden echten Dialogs bilden:

> *Im echten Gespräch geschieht die Hinwendung zum Partner in aller Wahrheit, als Hinwendung des Wesens also. Jeder Sprecher meint hier den Partner, an den, oder die Partner, an die er sich wendet, als diese personhafte Existenz [...] Der Sprecher nimmt aber den ihm so Gegenwärtigen nicht bloß wahr, er nimmt ihn zu seinem Partner an.*[128]

Hiervon ausgehend hat dialogische Kommunikation im Sinne von BOHM das Ziel, die jeweiligen Denkmuster zu erkennen und nachzuvollziehen, sich gegenseitig verstehen zu wollen:

„Der Dialog befasst sich mit den Denkprozessen hinter den Annahmen, nicht nur mit den Annahmen selbst [...] Im Grunde ist es Ziel des Dialogs, dem Denkvorgang auf den Grund zu gehen."[129] Dialogische Verfahren unterscheiden sich daher von Diskussionen vor allem darin, dass sie nicht auf Durchsetzung einer vermeintlich *richtigen* Meinung angelegt sind, sondern auf Entwicklung eines gemeinsamen, tragfähigen Denkraums.

In einem Dialog geht es auch nicht darum, mein Gegenüber zu überzeugen, sondern Denk-Angebote zu machen, zu versuchen, [...] einen Eindruck zum Nachdenken, zum Angeregtsein zu hinterlassen.[130]

DEBATTE UND DIALOG[131]	
Debatte	Dialog
Wissen	Herausfinden
Antworten	Fragen
Gewinnen oder Verlieren	Teilen
Ungleich	Gleich
Macht	Respekt oder Anerkennung
Einen Punkt beweisen	Zuhören
Eine Position verteidigen	Neue Möglichkeiten erforschen

Dialogische Kommunikation, die auch im ganz gewöhnlichen Alltag in der Familie, am Arbeitsplatz oder im Verein umgesetzt werden kann, ist nicht nur eine Methodik, sondern in ihr spiegelt sich vor allem eine Haltung gegenüber dem Anderen. Dialogische Kommunikation basiert auf vier Grundpfeilern: Respekt, Offenheit und Interesse, Nachvollziehbarkeit und Authentizität.

Respekt – Der Andere als vollwertiges Wesen

Zuhören, echte Fragen stellen und mich – soweit es geht – in einen Anderen einfühlen, setzt Respekt voraus. Respekt bedeutet dabei, den Anderen nicht als defizitäres, sondern als vollwertiges Wesen zu sehen, ihn in seiner Besonderheit wahrzunehmen. Der andere ist weder Objekt noch Instrument. Jemanden zu respektieren, heißt jedoch keinesfalls, seine Handlungen durchweg zu akzeptieren.

Dialogische Kommunikation unterscheidet von daher stets zwischen Handlung und Person. CHURCHILL – so Humberto MATURANA – „[…] besaß großen Respekt vor HITLER – und konnte deshalb erkennen, was Hitler vorhatte, um sich dann gegen den Nationalsozialismus zu stellen. Chamberlain war es dagegen, der Hitler mit einer enormen Toleranz begegnete [...]".[132] Respekt ist mehr als Toleranz, Respekt schließt wahres Interesse an der Position des/der Anderen mit ein:

> *Wer Toleranz verlangt, der fordert eigentlich dazu auf, die vermeintlich angebracht erscheinende Ablehnung und Abwertung des anderen noch ein wenig hinauszuzögern und aufzuschieben. Wer einen Menschen lediglich toleriert, der lässt ihn für eine gewisse Zeit in Ruhe, hält aber stets, verborgen hinter dem Rücken, sein Messer bereit.[133]*

Wie sieht es denn heute aus mit unserem Respekt gegenüber den islamistischen Terroristen und dem Islam insgesamt? Sehen wir diese als im Vollbesitz ihrer geistigen Kräfte oder eher als bemitleidenswerte Gestalten? Tolerieren wir oder respektieren wir die MigrantInnen in Deutschland? Tolerieren oder respektieren uns die MigrantInnen in Deutschland?

Respekt schließt vor allem mit ein, dass ich mich und meine Interessen nicht als höherwertig sehe und meinen Dialog-Partner abwerte. Genau hierin liegt meines Erachtens die Krux im Konflikt zwischen Israel und Palästina, der eine Lösung so aussichtslos erscheinen lässt: Sehen sich die einen als von Gott auserwähltes Volk, sehen die anderen alle Nicht-Islam-Gläubigen als *Ungläubige*, die es zu bekämpfen gilt. Der Konflikt zwischen Israel und Palästina ist dabei ein gutes Beispiel dafür, wie ein Deutungs-Konflikt als Ressourcenkonflikt um Land oder Wasser erscheint und welche Rolle Religion in der Politik implizit immer noch spielt. Das auserwählte Volk sieht sich natürlich im Recht, ihm sein vermeintlich von Gott gegebenes Land in Besitz zu nehmen und immer mehr Siedlungen zu bauen, was auf der Gegenseite die scheinbar *wahren Gläubigen* zu Gewalthandlungen nötigt, um sich gegen die Landnahme der Ungläubigen zu verteidigen. Beobachtet wird das Ganze schließlich von denjenigen, deren Glaube nach Ansicht des Vatikans eigentlich den einzig wahren Zugang zu Gott erlaubt: den Christen – die sich dann nicht allzu sehr einmischen, denn letztendlich handelt es sich in ihren Augen ja um einen Konflikt von *Heiden*. Solange an den weltanschaulich-religiösen Grundlagen dieses Konflikts im Nahen Osten nicht wirklich dialogisch gearbeitet wird, wird er fortdauern wie bisher – und eine Lösung ist fast nicht mehr möglich.[134]

Offenheit – Nicht aufhören zu fragen

Es ist schwer vorstellbar und wohl fast unmöglich, mit dogmatischen oder fanatischen Gläubigen in einen Dialog zu treten. Fanatismus und Dogmatismus gibt es jedoch nicht nur im Bereich des Gottesglaubens, sondern jede Welt-Anschauung, jede Wirklichkeitskonstruktion kann zum Dogma werden. Dogmatismus bildet das Gegenteil von Offenheit, von Interesse an Neuem, von Interesse daran, seine Wirklichkeitskonstruktionen im Fluss des SEINs zu reflektieren und ggf. zu modifizieren:

> *Mit einem Brunnenfrosch kann man nicht über das Meer reden, er ist beschränkt auf sein Loch. Mit einem Sommervogel kann man nicht über das Eis reden, er ist begrenzt durch seine Zeit. Mit einem Fachmann kann man nicht vom LEBEN reden, er ist gebunden durch seine Lehre.[135]*

Erinnert sei hier noch einmal an die „Biophobie" der Sozialwissenschaften[136] und an das Dogma der sozialen Konstruktion von Geschlecht in der Geschlechterforschung. Erinnert sei auch an das neoliberale Dogma der vermeintlichen Notwendigkeit immer geringerer Lohnkosten zur Ankurbelung von Wirtschaftswachstum, das empirisch niemals bestätigt wurde, oder an den Dogmatismus der sogenannten political correctness. Auch der Umgang mit vermeintlichen Abweichlern folgt bei diesen „politischen Religionen" (VOEGELIN) dem Muster des Umgangs mit Häretikern in der Kirche: Abweichler werden aus der entsprechenden community ex-kommuniziert und ausgegrenzt. Abweichler vom Mainstream werden zwar nicht mehr verbrannt, aber schlechtestenfalls widerfährt ihnen Rufmord oder ihre inhaltlichen Positionen werden totgeschwiegen. Hierbei kommt mittlerweile den Medien eine große Bedeutung zu, sie haben die Rolle des Ketzer-Tribunals übernommen. Beispielhaft erwähnt sei hier der Umgang mit den geschlechterpolitischen Thesen von Eva HERMANN oder mit der sogenannten PEGIDA-Bewegung (deren Positionen ich keineswegs teile), deren 19-Punkte-Programm als vermeintlich politisch inkorrekt totgeschwiegen wurde, anstelle sich mit den Forderungen – etwa nach einem *Asylantragsverfahren in Anlehnung an das Holländische bzw. Schweizer Modell – mit dem gebotenen Respekt kritisch ausein*anderzu-

setzen. Auch Totschweigen und Rufmord sind Formen von Gewalt –
und sie gehen im Netz der Gewalt niemals verloren.

Ohne Offenheit, ohne die Bereitschaft, die Haltung eines Lernenden
einzunehmen, ohne Meinungs-Pluralismus gibt es aber keinen Dialog:

> *Laß dies nun gesetzt sein, wir stritten miteinander um Mei-
> nungen. Wenn du mich besiegst und nicht ich dich, bist du
> notwendigerweise im Recht und ich im Unrecht? Oder wenn
> ich dich besiege und nicht du mich, bin ich notwendigerweise
> im Recht und du im Unrecht? Oder sind wir beide zu einem
> Teil im Recht und zum anderen im Unrecht? Oder sind wir
> beide ganz im Recht und ganz im Unrecht? Du und ich, wir
> können es nicht wissen, und so wird die Welt der Wahrheit
> entbehren.*[137]

Ohne Offenheit gibt es aber auch keinen Erkenntnisgewinn, ganz zu
schweigen von einer subjektiven Bereicherung durch neue Denk-
Muster, durch neue Perspektiven und Sichtweisen. Dogmatismus verarmt letztendlich den bzw. die Dogmatiker. Zu einer solchen Verarmung trägt bedauerlicherweise wohl auch das Internet und hier die so
sogenannten sozialen Netze bei. Denn sie scheinen die Tendenz zu
einem Meinungs-Austausch in geschossenen Zirkeln zu verstärken, nur
die zur eigenen Welt-Anschauung passenden Informationen zu suchen
und auf diese Weise sich selbst reproduzierende Denk- und Kommuni-
kationsmuster zu etablieren, die sich immer wieder bestätigen. Es
klingt paradox: In seiner globalen Vernetztheit trägt das Internet eher
zur weiteren Fragmentierung des Sozialen bei. Dabei bietet das Internet
zudem die Möglichkeit, dass die Kommunizierenden sich hinter Pseu-
donymen verstecken können und nicht erkennbar zu ihren Meinungen
stehen müssen. Einer solchen Entwicklung müsste gute staatliche Politik dadurch entgegenwirken, dass schon in der Schule eine Kultur der
Neugier und Offenheit ebenso gepflegt wird, wie der Mut, für seine
Position Verantwortung zu übernehmen.

Handlung ist Kommunikation –
Kommunikation ist mehr als Sprechen

Geistige Offenheit ist auch eine Voraussetzung dafür, sensibel mit
Sprache umzugehen. Gute Politik basiert auf einem sensiblen Ge-
brauch von Sprache und der kontinuierlichen Reflexion von Begriffen. Alle Bedeutungen der gebrauchten Begriffe sollten für den anderen
nachvollziehbar sein, um Missverständnisse zu vermeiden. Denn

kleinste Missverständnisse können – wie der Schmetterling zeigt – unabsehbare Folgen haben. Besonders bedeutsam wird dann eine verbindliche und nachvollziehbare Begriffsklärung vor allem für normativ aufgeladene Begriffe.

Denn Begriffe dieser Art sind an sich *leer*, der jeweilige Kontext sowie die Interessen der Menschen in diesem Kontext entscheiden über ihren Inhalt: Was ist Freiheit? Was ist Demokratie? Was sind Menschenrechte? Was ist Wohlstand? Was ist Chancengleichheit? Was ist Fortschritt? Was ist modern? Was ist gutes Handeln? Wer ist ein Terrorist – nur der, der Bomben zündet oder nicht auch nicht der, der Trinkwasser künstlich verknappt und dann als teures Produkt verkauft, oder auch der, der Abgas-Werte an Autos manipuliert und damit bewusst Gesundheitsschädigungen der BürgerInnen in Kauf nimmt? Wer ist ein „Gefährder" – nur ein potenzieller Sprengstoff-Attentäter oder vielleicht auch ein Landwirt, der zu viel Gülle auf seinen Feldern ausbringt und dadurch das Trinkwasser mit gesundheitsschädlichem Nitrat vergiftet?[138]

Allerdings ist Sprache nur *ein* Mittel der Kommunikation, Kommunikation ist immer mehr „[…] als das, was aus dem Mund kommt […] Wir sprechen mit unserem ganzen Körper".[139] Aber nicht nur der Körper kommuniziert, jede Handlung ist Kommunikation. Denn mit jeder Handlung kommuniziere ich mein *Inneres Team*, meine Werthaltungen, meine Motive und wahren Interessen. Mit jeder Handlung werden Informationen zum inneren Systemzustand übermittelt – ich übermittle meine Welt-Deutung, meine Religion. Von daher ist jede Handlung nicht nur politisch, sondern auch religiös, denn sie kommuniziert immer meine metaphysische Rückbindung:

> *Man kann sich nicht nicht verhalten. Wenn man also akzeptiert, daß alles Verhalten in einer zwischenpersönlichen Situation Mitteilungscharakter hat, d. h. Kommunikation ist, so folgt daraus, daß man, wie immer man es auch versuchen mag, nicht nicht kommunizieren kann. Handeln oder Nichthandeln, Worte oder Schweigen haben alle Mitteilungscharakter: Sie beeinflussen andere, und diese anderen können ihrerseits nicht nicht auf diese Kommunikationen reagieren und kommunizieren damit selbst.[140]*

Die Bewusstheit gegenüber der non-verbalen Dimension von Kommunikation durch Handlung, aber auch durch Körpersprache, ist aus meiner Sicht ein zentraler Schlüssel guten politischen Handelns. Denn stimmen Handlung und Gesagtes nicht überein, entstehen widersprüchliche *Doppelbotschaften*. Aber nur wenn Handlung und das gesprochene Wort, wenn Sprechen und Körpersprache kongruent sind, wenn sie übereinstimmen, kann Glaubwürdigkeit und Vertrauen entstehen. Ohne Glaubwürdigkeit und Vertrauen wiederum keine gute Politik.

Achtsam handeln

Aus dem systemischen Verwoben-Sein von Handlung und Kommunikation gibt es kein Entkommen. In einem quantenphysikalischen Sinn sind Handlung und Kommunikation immer überlagert, sie sind Welle und Teilchen sozialer Interaktion. Dabei können – wie der Schmetterling uns nahegelegt hat – kleinste Handlungen genauso wie kleinste Missverständnisse große Effekte haben. Von daher ist jeder aufgefordert, achtsam zu handeln, d. h. kontinuierlich seine inneren Bilder, seine Wirklichkeitsdeutungen, seine Werte und die daraus entstehenden Motive, Interessen, Bedürfnisse und Stimmungslagen ebenso zu überprüfen wie immer wiederkehrende Denk- und Handlungsmuster. Ohne Achtsamkeit, ohne die Kultivierung von Wachheit, Bewusstheit und Reflexivität, ohne die kontinuierliche Beobachtung von Körper und Geist ist keine gute Politik möglich: „Die grundlegende Verhaltensregel heißt, achtsam für das zu sein, was wir tun und was wir sind – in jeder Minute. Jede andere Regel ist nachrangig".[141]

Von den vielen Geistes-Techniken der Achtsamkeitsschulung, die mir auf meiner Denk-Reise begegnet sind, halte ich drei als besonders hilfreich für gutes politisches Handeln: Vipassana, Zazen und Zuowang.

Vipassana – Beobachten und Bewerten trennen

Unser Geist ist ständig aktiv, er produziert einen kontinuierlichen Strom von Bildern, Konzepten und Annahmen über das, was uns außen und innen begegnet. Diese Bilder, Konzepte, Kategorisierungen und Bewertungen sind zwar wirklich, aber – wie der radikale Konstruktivismus nahe legt – nicht unbedingt wahr. Sie können unser Wohlbefinden einschränken und zu suboptimalen Handlungen führen, die wieder entsprechende Handlungen nach sich ziehen, die wiederum Handlungen nach sich ziehen – usw.

Vor diesem Hintergrund hat der Buddhismus die sogenannte Achtsamkeitsmeditation (Vipassana) entwickelt, die mittlerweile im Westen u. a. in der Schmerztherapie und der Stressprophylaxe eingesetzt wird. Ihr Ziel besteht darin zu lernen, die Welt um und in uns bewertungsfrei wahrzunehmen – Gefühle als Gefühle, Dinge als Dinge, Geschehnisse als Geschehnisse und vor allem Gedanken als Gedanken. Geschulte Achtsamkeit macht es möglich, ganz in der Gegenwart verweilen zu können, bewusstes Hier-Sein zu erleben, die Wirklichkeit des Moments zu erfahren – denn diese ist die einzige wahre Wirklichkeit. Zurückgreifen in die Vergangenheit oder Vorannahmen gegenüber der Zukunft sind immer gedankliche Konstrukte, sie sind für den einzelnen wirklich, aber nicht wahr:

> *Das Beste, was wir für unsere Zukunft tun können, ist, dass wir uns so gut, wie wir es vermögen, um den gegenwärtigen Moment kümmern. Wenn wir in den gegenwärtigen Augenblick investieren, dann investieren wir in die Zukunft.*[142]

Der Gedankenfluss in unserem Kopf lässt sich kaum unterbinden, Gedanken entstehen immer. Jeder Gedanke ist ein „Paket potentieller Energie"[143], er ist lebendige Materie. Im Gedanken-Fließen begegnen wir dem Fließen des SEINs, dem Dao: Gedanken entstehen aus dem Nichts und vergehen wieder in ein Nichts. Werden die Gedanken nicht mehr bewertet, sondern nur als Gedanken, die kommen und gehen, wahrgenommen – als Gedanken-Fließen, ist es möglich, allein durch Achtsamkeitspraxis ein Gefühl für die Dynamik und Prozesshaftigkeit aller Geschehnisse, also für ein zentrales Ordnungsmuster des SEINs zu erhalten:

> *Ohne weit zu gehen, // kann man die ganze Welt verstehen; // ohne aus dem Fenster zu schauen, // kann man die Wege des Himmels [= das Dao; PD] begreifen. // Je weiter man fortgeht. Desto weniger versteht man. // [...].*[144]

Indem Achtsamkeitsmeditation versucht, das was im Moment ist, wahrzunehmen und bewertungsfrei zu beschreiben – zu *etikettieren* –, bleibt sie jedoch noch dem begrifflichen Universum verhaftet. Denn losgelassen werden vor allem die Bewertungen der erlebten mentalen Zustände, nicht die sprachliche Beschreibung der Zustände. Genau an diesem begrifflichen Universum unserer Erfahrungen setzt ZEN an.

Zazen – Ungeteilte Ganzheit erfahren

Zazen – das Sitzen in Versunkenheit – ist die Meditationsmethode des ZEN. ZEN entwickelte sich als Philosophie und Meditationspraxis seit etwa dem 6. Jahrhundert u. Z. aus der Begegnung von Buddhismus und Daoismus in China ZEN baut auf den nicht-dualen Metaphysiken dieser beiden Denk-Systeme auf, wobei es vor allem die mentale Konstruiertheit des SEINs betont: Kein Begriff ist wahr, begriffliches Denken zerteilt vielmehr das Ganze des SEINs, begriffliches Denken verhindert die Erfahrung des wahren SEINs, ausschließlich begriffliches Denken führt zu suboptimalen Handeln: „Vollkommen ohne Begriffe sein, das ist die Weisheit des Nichthaftens".[145] ZEN bedeutet also leben in und aus einer unmittelbaren Verbundenheit mit dem SEIN:

> *Zen ist eine lebendige Wirklichkeit [...]. Mit dieser lebendigen Wirklichkeit in Berührung zu kommen, ja in jedem Augenblick des Lebens mit ihr verbunden zu sein, das ist das Ziel aller Zen-Übung.[146]*

Ziel der Zen-Praxis und der Zen-Meditation – dem *Zazen* – ist es von daher, sich der begrifflichen Konstrukte gewahr zu werden, die begriffliche Wirklichkeit zu überwinden und das Sein als ungeteiltes Ganzes unmittelbar wahrzunehmen. ZEN ist radikale Nicht-Dualität – man könnte auch sagen: *Zazen* ist die Alltags-Praxis des Radikalkonstruktivismus:

> *Die Bedeutung von Zen ist folgende: Wenn ihr verstehen wollt, was eine Wassermelone ist, holt ihr euch eine Wassermelone, nehmt ein Messer und schneidet die Wassermelone. Dann steckt ihr euch eine Scheibe in den Mund und – wamm! Eure Erfahrung! Wörter und Sprache und Bücher und Gelehrsamkeit können das nicht vermitteln.[147]*

Diese nicht-duale Erfahrung des SEINs wird im ZEN als *Erleuchtung* bezeichnet – als *Sartori*. Mit diesem Fokus auf Erleuchtung, den es aus dem Buddhismus übernommen hat, schleicht sich in die Praxis des ZEN jedoch ein gewisser Instrumentalismus sowie eine Widersprüchlichkeit dahin gehend ein, in der Kritik an der Welt der Begrifflichkeiten und Konzepte selbst an einem begrifflichen Konzept hängen zu bleiben – dem Konzept der Erleuchtung. *Zazen* verkommt dann zur Methode, Erleuchtung zu erlangen. Damit einher geht ein sich im Laufe der Geschichte des ZEN entfalteter strenger Formalismus der Lehr- und Meditationspraxis, was die ursprünglich antiautoritären Impulse des ZEN massiv abgeschwächt bzw. ins Gegenteil verkehrt hat. In diesem Formalismus zeigt sich eher der Geist der Samurai, die die Verbreitung von ZEN in Japan in Form und Inhalt sehr stark geprägt und – wie

Brian VICTORIA zeigt – im Weiteren eine unsägliche Verbindung zwischen Militarismus und ZEN ermöglicht haben.[148]

Diese Kritik soll keineswegs den Stellenwert von Zen-Meditation, von *Zazen* als einen Baustein guter Politik mindern, soll aber die Absage an jeden übersteigerten Formalismus im Zen nochmals betonen und demgegenüber die daoistischen Wurzeln von Zen stärker in Erinnerung rufen – denn Zen ist im Grunde „[...] Zhuangzi in Buddhistischer Verkleidung".[149]

Zuowang – Mit dem Ganzen in Resonanz treten

Die daoistischen Wurzeln des ZEN werden nicht zuletzt darin deutlich, dass sich die für ZEN so zentrale Warnung vor einer ausschließlich begrifflichen Konstruktion der Wirklichkeit bereits bei LAOTSE findet: „[...] sobald es Namen gibt, // sollte man erkennen, // dass es an der Zeit ist innezuhalten [...]".[150] Begriffe und die damit verbundenen mentalen Konzepte loszulassen, um das fließende SEIN unverzerrt wahrnehmen zu können, wird im Daoismus als „Fasten des Geistes" bezeichnet:

> *»Darf ich fragen, was das ‚Fasten des Geistes‘ ist?«, fragte Hui. »Bewahre die Einheit deines Willens«, sagte Konfutse, »[...] höre nicht mit deinem Geist, sondern mit deinem Ursprünglichen Atem [...] Der Ursprüngliche Atem jedoch wartet leer auf die Dinge. Nur durch den WEG [= das Dao; PD] kann man Leere ansammeln, und Leere ist das Fasten des Geistes«.[151]*

Fasten des Geistes beschreibt im Daoismus die eine Grundlage guter Politik. Die andere besteht darin, sich in den Fluss des SEINs, in das Dao, einzufühlen, um aus diesem Mit-Schwingen (WuWei) ein Gefühl für das Ganze zu erhalten und hieraus situativ angemessene Strategien entwickeln zu können. Im Zentrum daoistischer Achtsamkeitspraxis steht dementsprechend das *Stille Sitzen* (Zuowang). Ziel ist es, still zu werden, den Geist zur Ruhe zu bringen, das SELBST zu vergessen und im Ganzen des SEINs – im Dao – aufzugehen, das ungeteilte SEIN zu erfahren: „Ich tue mein Äußerstes, um leer zu werden, und versenke mich tief in die Stille. [...]".[152] Bereits im bewussten Spüren des Einatmens und Ausatmens kann ich die Komplementarität von Yin und Yang erfahren. Der Sauerstoff, den ich ein- und ausatme stammt von den Pflanzen, die mich umgeben. Die Pflanzen und ich

sind in diesem Moment eins, wir sind das eine Dao, ungetrenntes
SEIN:

> *Er [Yen Hui] sagte: »Ich bin zur Ruhe gekommen und habe
> alles vergessen. [...] Ich habe meinen Leib dahinten gelassen,
> ich habe abgetan meine Erkenntnis. Fern vom Leib und frei
> vom Wissen bin ich Eins geworden mit dem, das alles durch-
> dringt [= mit dem Dao; PD]. Das meine ich damit, daß ich
> zur Ruhe gekommen bin und alles vergessen habe.«*[153]

Der Meditierende kann diese Erfahrungen jedoch nur dann erlangen,
wenn auch sein Körper in der Lage ist, still zu werden, still zu sitzen.
Von daher muss auch der Körper gepflegt werden: „Wenn der Körper
nicht ausgerichtet ist, // kann sich die innere Kraft nicht entwickeln. //
Wenn man nicht ruhig ist, // kann man das Herz nicht regulieren. [...]“.[154]
Körperpflege und Geistespflege sind im Daoismus immer eine untrennbare Einheit – an dieser Stelle unterscheidet sich der Daoismus
auch wesentlich vom Buddhismus, der mit dem Christentum eine gewisse Körperfeindlichkeit teilt. Zur Körperpflege im Daoismus gehört
auch und insbesondere das Maßhalten mit den Körperkräften, der innere Ausgleich zwischen Yin und Yang: „Wer rastlos seine körperliche
Form belastet, der wird sie ermüden; wer endlos seine geistige Essenz
bemüht, der wird sie erschöpfen [...]“.[155]

Meditation und Spiritualität –
Eine politikwissenschaftliche Herausforderung

Hätte mir zu Beginn meines Studiums der Politikwissenschaft Mitte
der 1980er Jahre ein Dozent etwas über Spiritualität und Meditation
als Bausteine guter Politik erzählt – ich hätte ein entsprechendes Semi-
nar unter dem Verdikt *Eso-Kram* verlassen. Ich denke, auch heute
geht es noch vielen klassisch ausgebildeten PolitologInnen ähnlich,
wohl aber auch der Mehrzahl der Menschen in Alltag, Beruf, Familie
und in der staatlichen Politik. Denn nur so ist zu erklären, dass im
Jahr 2003 an einer zweiteiligen Achtsamkeitsklausur von THICH
NHAT HANH nur 12 von 535 Mitgliedern des US-amerikanischen
Kongress teilnahmen.

Vor diesem Hintergrund kann uns westlichen Skeptikern der Schmetterling und mit ihm zusammenhängend die radikale Veränderung des
Materiebegriffs seit den 1920er Jahren, damit verbunden die Auflö-
sung der Gleichsetzung von Materie und Substanz, im Zusammen-
spiel mit den Befunden der Hirnforschung helfen, Mediations-

Erfahrungen angemessener einzuschätzen und somit eine offenere Haltung gegenüber der Achtsamkeitspraxis als Bestandteil guter Politik einzunehmen.

Wie oben ausgeführt besitzt Materie eine Doppelnatur: Sie ist Teilchen und Welle zugleich, wobei heute der Wellenaspekt stärker betont wird. Hintergrund sind die Befunde zur Verschränkung, die mittlerweile immer wieder experimentell bestätigt werden konnten. Verschränkung meint, dass die Zustände von zwei räumlich getrennten Objekten – z. B. Elektronen, Moleküle – unmittelbar miteinander verbunden sind: Ändert man den Zustand des einen, ändert sich der Zustand des anderen ohne Zeitverzug ebenfalls. Die beiden Objekte verhalten sich wie eines. Dabei ist heute nicht mehr klar, bei welcher Größenordnung von Objekten überhaupt Quanteneffekte dieser Art auftreten. Nach Ansicht der Quantenphysiker Markus Aspelmeyer und Markus Arndt kann es gut sein, dass die ganze Welt „quantisch" ist.[156]

Ausgehend von diesen Befunden der Quantenphysik erscheint als die zentrale Eigenschaft von Materie wechselwirkende Verwobenheit: „So wird im Weltbild der neuen Physik umgekehrt eine immaterielle, nicht auftrennbare, fließende Verbundenheit der Welt zum eigentlichen Fundament".[157] In dieses verwobene, fließende SEIN ist jeder über seine Neuronen im Gehirn – die wiederum nichts anderes sind als Materie, als Produkte wechselwirkender Verwobenheit – eingebunden. Beim Meditieren, beim Mitschwingen im Dao, bei der Erfahrung von WuWei bzw. bei der Erfahrung nichtdualer Ganzheit handelt es sich dann möglicherweise um nichts anderes als um die sinnliche Erfahrungen von Resonanz, der Angleichung von Rhythmen der Materie in meinem Gehirn und in meinem Körper, vielleicht sogar um die Angleichung der Rhythmen meiner Neurone mit dem Rhythmus des gesamten Universums, mit dem Rhythmus des gesamten SEINS:

> *Resonanz ist eine Form der Wechselwirkung, ja, es ist die Form der Wechselwirkung schlechthin, über die alle raumzeitlichen Strukturen miteinander in Beziehung treten können. [...] Resonanz ist der Mechanismus, der die Welt im Innersten zusammenhält.*[158]

Meditation könnte demnach als praktizierter Materialismus verstanden werden, Meditationserfahrungen sind somit nichts Geheimnisvolles für besonders Eingeweihte, sondern beschreibbar und – wie die wachsende

Zahl der Arbeiten der sogenannten *Meditationsforschung* zeigt – sogar wissenschaftlicher Analyse zugänglich.[159]

Ein Verständnis von Spiritualität, das auf einen solchen Materiebegriff aufbaut, verneint die Existenz übersinnlicher Erfahrungen. Sehr hilfreich ist hier die buddhistische Psychologie, die den Geist, d. h. die mentalen Fähigkeiten eines Individuums, als sechsten Sinn versteht – gleichwertig mit Hören, Sehen, Riechen, Schmecken, Fühlen. Spiritualität stellt dann nichts anderes dar, als die Übung unserer Sinne einschließlich des Geistes, alle Dimensionen des SEINs, *alle* Dimensionen der materiellen Welt sinnlich zu erfassen und nicht nach einem jenseitigen SEIN, einer über-sinnlichen Welt oder nach einem transzendenten Gott zu suchen. Denn es gibt nur diese eine sinnlich erfahrbare Welt, Geist und Materie sind eins, die Lebendigkeit von Materie wird nicht von einer transzendenten Kraft angestoßen, Materie ist kreativ aus sich selbst.[160] Diese eine Welt, diese Lebendigkeit von Materie kann ich mit einem in Achtsamkeit geschulten Geist immer differenzierter und umfassender in ihrer Vielfalt sowie ihrer ganzheitlichen Verwobenheit wahrnehmen:

> *Vielleicht bedeutet ‚spirituell' letztlich, die Ganzheit und Verbundenheit aller Dinge direkt zu erfahren, die Sichtweise, daß Individualität und Ganzheit miteinander verwoben sind, daß nichts abgetrennt oder unwesentlich ist. Aus dieser Perspektive betrachtet wird alles im tiefsten Sinne spirituell.[161]*

Spiritualität und Achtsamkeitspraxis zielen also auf nichts anderes als auf ein „[...] größeres Gefühl für das Leben"[162] – und dies hat positive Auswirkungen nicht nur auf das alltägliche Leben, sondern vor allem auf das politische Handeln. Spiritualität und Achtsamkeitspraxis sollten von daher immer Bestandteile politischer Ethik und guter Politik werden – und folglich auch zu einem integralen Bestandteil guter Politikwissenschaft.

Gute Politik: Reduzieren, Respektieren, Reflektieren – Zusammenfassende Thesen

1. Gutes politisches Handeln denkt sich stets in Systemen und sieht sich immer in Wechselwirkungen, allen voran in Wechselwirkungen zur bio-physikalischen Umwelt. Es erkennt von daher die Endlichkeit von und die Notwendigkeit eines sparsamen Umgang mit Natur-Ressourcen.

2. Gutes politisches Handeln denkt immer in Dynamiken und erkennt die Illusion der Kontrolle. Es nimmt Unsicherheiten und Unbestimmtheiten an, denkt in Wahrscheinlichkeiten und kommuniziert diese in transparenter Weise.

3. Gutes politisches Handeln ist kontextsensibel und orientiert sich primär am Konzept der Kontextsteuerung, unterbindet jede Form von Diskriminierung und pflegt sowohl bio-physikalische als auch (denk-)kulturelle Vielfalt.

4. Gutes politisches Handeln ist sich bewusst, dass Gewaltkulturen nur dann aufgehoben werden können, wenn politisches Handeln insbesondere auf der Mikroebene des Alltäglichen gewaltfrei gestaltet wird. Denn im Netz der Gewalt geht nichts verloren.

5. Gutes politisches Handeln ist respektvoll und dialogisch angelegt, besitzt einen Geist des Lernens, pflegt einen Meinungs-Pluralismus und ist sich bewusst, dass jede Handlung zugleich auch Kommunikation ist.

6. Gutes politisches Handeln ist achtsames Handeln, es reflektiert stets seine Bilder, Wirklichkeitsdeutungen und die daraus entstehenden Motive im Sinne des Konzepts des reflexiven Managements. Gutes politisches Handeln erkennt von daher die Wichtigkeit von Selbststeuerung durch Selbstkultivierung.

7. Aus all dem ergeben sich drei übergeordnete Leitbilder für gutes Politisches Handeln: *Reduzieren* (des Verbrauchs von endlichen Ressourcen und von Macher-Wahn), *Respektieren* (von menschlichen und nicht-menschlichen Wesen sowie von Denk- und Kulturmustern), *Reflektieren* (von Bildern, Konzepten, Begriffen, Denk- und Handlungsmustern, von Bedürfnissen und Motiven).

Welches Motiv aber gibt es überhaupt dafür, Politik und die Welt ein bisschen besser zu machen? Alle Appelle an die Vernunft des Menschen, an seine Fähigkeit, über das Denken nachzudenken, scheinen ja bisher nicht allzu viel bewegt zu haben: Gewinn-Sucht, Gewalt, Geist- und Gedankenlosigkeit bestimmten und bestimmen noch immer in weiten Teilen der Welt das politische und das Alltags-Handeln. Aus welchem Grund sollen wir reduzieren, respektieren und reflektieren? Was können uns DARWIN, der Schmetterling und LAOTSE auf diese Fragen antworten?

LIEBE DEINEN NÄCHSTEN WIE DICH SELBST – WEISER EIGENNUTZ ALS MOTIV FÜR GUTE POLITIK

Bei der Beantwortung der Frage nach dem Motiv für gute Politik hilft uns zunächst wieder DARWIN und mit ihm die Soziobiologie. Vom Menschen als evolutiv gewordenem Lebewesen ausgehend sehen beide Eigennutz als zentrales menschliches Handlungsmotiv. Die an DARWIN orientierte Evolutionspsychologie sowie die Befunde der Hirnforschung warnen uns aber zugleich davor, Eigennutz auf materiellen Eigennutz zu verengen. Eigennutz geht viel weiter und zielt generell darauf, subjektives Wohlbefinden herzustellen und Unwohlsein zu verringern:

> *[...] daß die meisten oder alle fühlenden Wesen sich durch natürliche Selektion dergestalt entwickelt haben, daß sie sich habituell von angenehmen Empfindungen leiten lassen.*[163]

Die Gleichsetzung von Eigennutz mit Haben und materiellem Gewinnstreben ist bereits eine Folge der materialistischen Kultur der bürgerlich-kapitalistischen Gesellschaft und keinesfalls im Begriff des Eigennutzes per se enthalten. Denn Wohlbefinden kann je nach der subjektiven Bedürfnislage auf vielerlei Weise hergestellt werden: durch mehr Geld, durch den Besitz von Dingen, aber auch durch Anerkennung, durch eine erfüllende Tätigkeit, durch Freude am Denken, durch kreatives Müßig-Sein, durch ein reines Gewissen, durch die vermeintliche Nähe zu Gott, durch Mit-Schwingen im Dao u. v. a. m. Und so kann beispielsweise auch GANDHI in einem gewissen Sinne als eigennützig verstanden werden, denn er wollte durch seine Handlungen und durch seine Lebensweise „moksha“ (= Befreiung) erlangen. Gleichermaßen war auch BUDDHA eigennützig, denn er wollte durch sein Handeln Leiden vermeiden und Erleuchtung erreichen. Auch ZHUANGZI war eigennützig, wenn er, um Wohlbefinden zu erlangen, sich aus dem Trubel der Welt zurückzog und kein Staatsamt annahm:

> *Dschuang Dsï fischte einst am Flusse Pu. Da sandte der König von Tschu zwei hohe Beamte als Boten zu ihm und ließ ihm sagen, daß er ihn mit der Ordnung seines Reiches betrauen möchte. Dschuang Dsï behielt die Angelrute in der Hand und sprach, ohne sich umzusehen: »Ich habe gehört, daß es in Tschu eine Götterschildkröte gibt. Die ist nun schon dreitau-*

> *send Jahre tot, und der König hält sie in einem Schrein mit*
> *seidenen Tüchern und birgt sie in den Hallen eines Tempels.*
> *Was meint Ihr nun, daß dieser Schildkröte lieber wäre: daß*
> *sie tot ist und ihre hinterlassenen Knochen also geehrt wer-*
> *den, oder daß sie noch lebte und ihren Schwanz im Schlamme*
> *nach sich zöge?« Die beiden Beamten sprachen: »Sie würde*
> *es wohl vorziehen, zu leben und ihren Schwanz im Schlamme*
> *nach sich zu ziehen.« Dschuang Dsï sprach: »Geht hin! Auch*
> *ich will lieber meinen Schwanz im Schlamme nach mir zie-*
> *hen.«*[164]

Eigennutz – nicht mit Egoismus gleichsetzen!

Eigennutz darf auch nicht verwechselt werden mit Egoismus. Der Egoist bläht sein Ego auf und kapselt sich von der bio-physikalischen und sozialen Umwelt ab, er denkt sich außerhalb jeder Beziehung als allein auf der Welt. Ein Egoist ist ein sozialer Autist:

> *Der Egoist hält sich von den anderen fern, sieht sich als dem*
> *Rest der Welt überlegen, nimmt sich selbst als Maßstab, um*
> *andere zu messen, so dass im Endeffekt die ganze Welt den*
> *Maßstab seiner Kleinheit besitzt.*[165]

Aber existiert überhaupt ein EGO, ein von allen Beziehungen abgetrenntes ICH? Ich denke nein und stimme mit BUDDHA und den Daoisten soweit überein, dass in uns keine abgeschlossene Einheit existiert, die als ein ICH, als ein EGO bestimmt werden kann. Aber trotzdem gibt es eine *Ich-Erfahrung*, die die Grundlage egoistischen Verhaltens bildet: Ich erfahre mein ICH in jeder Handlung, in jedem Akt der Auswahl zwischen Möglichkeiten. Ich erfahre mich als der, der vermeintlich handelt und ich erfahre mich als der, der systemisch denkt, dialogisch kommuniziert und achtsam handelt, ICH erfahre mich als hungrig und durstig. ICH erfahre mich durch meinen Körper scheinbar getrennt von der Außenwelt:

> *Freude und Zorn, Trauer und Glück, Sorgen und Sehnen, Zögern*
> *und Furcht überkommen uns zeitweise, mit ewig wechselnden*
> *Stimmungen, und kommen hervor wie Musik aus Höhlen, oder*
> *wie Pilze aus feuchtem Erdreich. [...] Ohne diese Gefühle wäre*
> *ich nicht. Aber ohne mich könnte sie niemand fühlen.*[166]

Wenn es diese Erfahrung eines ICH als das, was aus Möglichkeiten auswählt, nicht gäbe, gäbe es auch keinen Adressaten für eine nicht-zerstörerische Handlungsethik. Aber dieses gefühlte ICH ist niemals gegenüber der Um-Welt abgeschlossen, ICH ist immer *Interbeing* (Thich Nhat Hanh) und steht mit der sozialen und bio-physikalischen Um-Welt immer in einer systemischen Verwobenheit – gleichgültig, ob es ihm bewusst ist oder nicht. Aus der Perspektive des Schmetterlings ist die ICH-Erfahrung gewissermaßen das Teilchen, ICH als Interbeing die Welle – und beides ist zugleich wirklich.[167]

Weiser Eigennutz –
Liebe deinen Nächsten wie Dich Selbst

Im Gegensatz zu einem Egoisten sieht sich ein eigennütziger Mensch also immer in der Verwobenheit des SEINs und fragt, wie er Beziehungen zu gestalten hat, damit sie ihm nützen, damit sie ihm Wohlbefinden bereiten. Eigennutz setzt von daher immer Selbst-Reflexion voraus – nämlich die Beantwortung der Frage, worin genau mein Wohlbefinden besteht und was diesem Wohlbefinden nützt. Dass Eigennutz immer durch Nachdenken bestimmt werden muss, unterscheidet uns Menschen wohl am meisten von den nicht-menschlichen Wesen auf diesem Planeten. Im Eigennutz verbindet sich das Lebe-Wesen Mensch mit dem Wesen, das über sein Denken nachdenken kann und sich Sinn geben muss. Ein eigennütziger Mensch pflegt von daher besonders die Beziehung zu seinem SELBST, zu seinem *Inneren Team*, denn nur so kann er wissen, was ihm wirklich Wohlbefinden bereitet, was ihm nützt. Eigennutz wird auf diese Weise zu *weisem Eigennutz*:

> *Wenn eine Person genug über die Natur seines Selbst, seiner Werte, seiner Interessen und die Möglichkeiten in der Welt, seinen Interessen und Wünschen zu entsprechen, lernt, dann kann diese Person weise auswählen und handeln.*[168]

Als Brücke vom Ego-Zentrismus zum weisen Eigennutz dient demnach wieder die Achtsamkeitspraxis. Denn sie kann uns helfen, unser *Inneres Team*, unser SELBST zu klären – zu klären, was wir wirklich zu unserem Wohlbefinden brauchen. Ohne Selbst-Kultivierung kein weiser Eigennutz.[169]

In einer engen Verbundenheit zu jemanden oder zu etwas stehen, kann als *Liebe* bezeichnet werden. Hiervon ausgehend findet sich die Erkenntnis, dass Selbst-Liebe, d. h. die enge Verbundenheit zu mir selbst, eine zentrale Voraussetzung für weisen Eigennutz und Nächsten-Liebe ist, in den unterschiedlichsten Religionen. Und so fordert der BUDDHA die Menschen auf, sich in Liebe anzunehmen: „Nimm Dich selbst in Liebe an [...]".[170] Im NEUEN TESTAMENT heißt es: „Liebe Deinen nächsten – *wie dich selbst*".[171] LAOTSE zufolge kann man nur jemanden mit der Regierung betrauen, der sich selbst und seinen Körper achtet: „[...] Darum: wer die Welt wie sein Selbst schätzt, // Dem kann die Regierung der Welt anvertraut werden; // Und wer die Welt wie sein Selbst liebt – // Die Welt mag dann seiner Sorge anvertraut werden".[172] Dass Nächsten-Liebe nur möglich ist durch Selbst-Liebe findet sich sogar in den Überlegungen von Adam SMITH zum *Reichtum der Nationen*. SMITH geht davon aus, dass Menschen nur dann bereit sind, die jeweils notwendigen Dinge für andere zu produzieren, wenn es ihrer *Eigenliebe* (im Original *self-love*) – und nicht ihrem Ego! – nutzt:

> *Nicht vom Wohlwollen des Metzgers, Brauers und Bäckers erwarten wir das, was wir zum Essen brauchen, sondern davon, dass sie ihre eigenen Interessen wahrnehmen. Wir wenden uns nicht an ihre Menschen- sondern an ihre Eigenliebe, und wir erwähnen nicht die eigenen Bedürfnisse, sondern sprechen von ihrem Vorteil [...].*[173]

Selbst-Liebe bedeutet also nicht Egoismus oder gar einen übersteigerten Narzissmus, Selbst-Liebe ist die intensive Verbundenheit zu sich SELBST, zu seinen Bedürfnissen, seinen Bildern, seinen Werten, seinem *Inneren Team*. Von diesem ausgehend schließt eigennütziges Handeln Kooperation und Altruismus keinesfalls aus. Oder in den Worten des DALAI LAMA: „Die weisere Strategie besteht darin, an andere zu denken, wenn man sein eigenes Glück verfolgt".[174]

Vom Mit-Menschen zum Mit-Wesen

DARWIN, der Schmetterling und LAOTSE legen an dieser Stelle weiterhin nahe, dass Nächsten-Liebe aus weisem Eigennutz nicht beim Mit-Menschen halt machen kann, sondern sich auf alle Mit-Wesen – auf Tiere und Pflanzen – erstrecken muss: vom „Liebe deinen Nächsten wie dich selbst" hin zum „Liebe alle Mit-Wesen wie dich selbst".

Denn – wie oben dargestellt – nützt uns ein ausbeuterischer Umgang mit Pflanzen und Tieren nichts, er reduziert vielmehr unseren zukünftigen Lebens- und Handlungsraum. Weiser Eigennutz orientiert sich von daher auch immer am sogenannten *Systemischen Imperativ*: „Handle stets so, daß die Anzahl der Möglichkeiten wächst".[175] Von daher ist es niemals weise, endliche Ressourcen zu verschwenden: Verteilungskriege und damit verbunden Leid und Sterben können die Folgen sein. Ein weiser eigennütziger Mensch würde von daher Lebensmittel ausschließlich aus Bio-Produktion kaufen, da er so einen Beitrag dazu leisten könnte, die Belastung des Trinkwassers mit Antibiotika, die Zerstörung von Böden und die Verknappung von Land zu verringern. Auch würde ein weiser eigennütziger Mensch im Alltag immer darauf achten, in einer Weise mit Lebensmitteln umzugehen, dass möglichst wenig weggeworfen werden muss oder verdirbt.

Wissend um die ausgleichende Tendenz des Dao – dem Fließen des SEINs – und orientiert auf einen *mittleren Weg* würde ein weise eigennütziger Mensch auch nicht übermäßig Güter anhäufen oder übermäßig konsumieren, denn dies führt langfristig wiederum zu Verteilungskonflikten oder anderen sozialen Verwerfungen – die unter Umständen unsere Kinder ausfechten müssen. Ein weise eigennütziger Mensch würde alles daran setzen, seinen Nachkommen dieses und andere Leiden zu ersparen. Da nützt es auch langfristig nichts, sich und seine Kinder hinter hohen Zäunen in Wohnsiedlungen einzusperren oder hohe Zäune an den Grenzen zu Afrika, zu Mexiko oder gar innerhalb Europas zu errichten, um Flüchtlingsströme abzuhalten.

	SELBST	
SEIN	Weiser Eigennutz = Sich-in-Beziehung-Setzen	Mit-Wesen
	Mit-Menschen	

Diese wenigen Beispiele machen deutlich, dass wir als weise eigennützige Wesen uns immer in Systemen denken sollten, in denen jede Handlung letztendlich wieder Folgen für uns selbst oder für unsere Nachkommen hat. Weise wäre es folglich, wenn wir uns in jeder Handlung immer *gleichzeitig* zu unseren Mit-Wesen, zu unserem SELBST, zu den Mit-Menschen und zum SEIN in Beziehung denken. Gute staatliche

Politik würde entsprechende Informationen zur Verfügung stellen, damit weises eigennütziges Handeln ermöglicht wird. Über eine weise regulierte Marktwirtschaft würden Preise die soziale und ökologische Wahrheit sprechen und so eine weise Konsumkultur möglich machen. Gute Bildung in der Schule und an Hochschulen vermittelt zum weisen Eigennutz befähigendes *Orientierungswissen*.

Weiser Eigennutz führt immer zur *Goldenen Regel*. Denn wenn mir bewusst wird, dass in der Verwobenheit des SEINs jede Handlung auf mich zurückwirkt, werde ich jedes Mit-Wesen so behandeln wie ich selbst behandelt werden möchte: „Zum Wohl der andern zu wirken bedeutet, zu seinem eigenen Wohl zu wirken".[176] Wenn ich durch meine Alltags-Handlungen Gewalt säe, werde ich im Netz der Gewalt immer Gewalt ernten; wenn ich nicht möchte, dass ich von dem Anderen nur für seine Zwecke instrumentalisiert und als Objekt behandelt werde, sollte ich auch ihn nicht instrumentalisieren und als Objekt behandeln. Auf diese Weise geht weiser Eigennutz als Motiv für achtsames Handeln letztendlich in einer Kultur umfassender Gegenseitigkeit und umfassenden Mitfühlens auf:

> *Ich habe einmal eine Geschichte über eine Reise durch Himmel und Hölle gehört. An beiden Orten sah der Besucher zahllose Menschen an einer Tafel sitzen, auf der viele köstliche Speisen standen. An die rechte Hand der Menschen waren über einen Meter lange Essstäbchen gebunden, während ihre linke Hand an den Stuhl gefesselt war. Die Menschen in der Hölle versuchten, ihre Arme so weit wie möglich auszustrecken, aber die Essstäbchen waren zu lang, als dass sie es hätten schaffen können, einen Bissen in den Mund zu bekommen. Sie wurden ungeduldig und ihre Hände und Essstäbchen verfingen sich in denen ihrer Nachbarn und Gegenüber. Die Leckerbissen wurden überallhin verstreut. Im Himmel dagegen benutzten die Menschen ihre langen Essstäbchen, um die Lieblingsspeise eines anderen aufzunehmen und ihm an die Lippen zu führen, und wurden ihrerseits auf die gleiche Weise von anderen gefüttert. Sie alle genossen ihr Mahl in Harmonie.*[177]

Eigennutz, Politik und das Bild vom guten Leben

Als Lebe-Wesen, das über sein Denken nachdenken kann und sich Sinn geben muss, muss der Mensch sein Konzept von Eigennutz immer auch kognitiv herstellen, körperliches und seelisches Wohlbefinden leiten sich ab von einem Bild vom guten Leben. Das Konzept vom guten Leben ist so bedeutend, da es zudem stets die Grundlage politischen Handelns auf allen gesellschaftlichen Ebenen und in allen Bereichen bildet. Es ist ein zentraler Faktor der Legitimierung staatlicher Politik und staatlichen Handelns. Indem es sich im politischen Prozess institutionalisiert, werden die Individuen gewissermaßen gezwungen, entsprechend diesem grundlegenden Bild vom guten Leben zu handeln. Das Bild vom guten Leben ist dem Schmetterling zufolge gewissermaßen der *Attraktor* sozialer Systeme, und aus diesem entwickelt sich dann eine sich selbst verstärkende Rückkopplungsschleife, die das gesamte soziale System immer wieder in dieselbe Richtung lenkt: Das Bild vom guten Leben ist das SOLL, an dem sich auf den unterschiedlichen Politikebenen das IST ausrichtet.

Soziale Systeme können – Donella MEADOWS zufolge – nur dann verändert werden, wenn deren zentrales Paradigma, der zentrale Ordner verändert wird. Nur dann verändert sich die Rückkopplungs-Schleife. Das in den kapitalistischen Gesellschaften vorherrschende Paradigma, das gegenwärtig vorherrschende Bild vom guten Leben, lässt sich in den Worten Erich FROMMS als *Haben* beschreiben. Zum Paradigma des Habens gehören Hab-Sucht (immer mehr haben wollen), Gewalt (in Form der Ausbeutung von Mensch und Natur) und Ich-Bezogenheit (Egozentrismus). Angesichts der zerstörerischen Qualität des dazu gehörigen politischen und ökonomischen Systems sollten weise eigennützig handelnde Menschen dieses Paradigma schnellstmöglich verändern. Es dient weder dem individuellen Wohlbefinden noch dem gesellschaftlichem Wohlstand:

> *Die Reichen mühen sich ab in harter Arbeit und sammeln viele Schätze, die sie doch nicht aufbrauchen können. In ihrer Sorge für das Leben haben sie sich an die Außenwelt verloren. Die Vornehmen fügen die Nacht zum Tag, um darüber nachzudenken, was sie fördert oder hindert. In ihrer Sorge für das Leben werden sie sich selber fremd [...] Was ist das für eine Bitternis! In seiner Sorge um sein Leben bleibt er doch fern vom Ziel.*[178]

Was aber könnte gutes Leben jenseits von Immer-mehr-Haben und Immer-mehr-Produzieren sein? Wie könnte – in den Worten FROMMS – ein Modell des guten Lebens aussehen, das sich am SEIN orientiert? Was haben uns DARWIN, der Schmetterling und LAOTSE dazu zu sagen?

FREUDE, STILLE, LEBENDIGKEIT –
DAS GUTE LEBEN

Was ist also ein gutes Leben? Bei der Beantwortung dieser Frage legt uns DARWIN zunächst nahe, dass es für den Menschen als Lebewesen gutes Leben überhaupt nur dann geben kann, wenn bestimmte grundlegende Bedürfnisse befriedigt sind: ausreichend Essen und Trinken, Luft zum Atmen, schützende und wärmende Kleidung, eine Behausung bzw. eine sichere Schlafstatt, Möglichkeiten zur Körperpflege und -hygiene, Schutz vor körperlichen Schädigungen durch Krankheit und Gewalt. Dass der Mensch als Wesen, das über sein Denken nachdenken kann, die Verteilung der hierfür benötigten grundlegenden Ressourcen in einer Weise regeln könnte, dass allen Menschen auf der Erde die Erfüllung dieser Grundbedürfnisse ermöglicht werden kann, habe ich oben schon ausgeführt.

Glück, Pech, Freude –
Sinn finden in einer unbestimmten Welt

Auf die Frage, was gutes Leben sei, lautet die Standard-Antwort: ein glückliches Leben. Aber was ist Glück? Besteht Glück vor allem im Besitz von Dingen und von Geld? Warum aber nimmt dann das subjektive Glücksempfinden nicht stetig mit Einkommenszuwächsen zu, sondern bleibt irgendwann auf einem etwa gleichen Niveau stehen? Warum sind Menschen nach einem Konsumrausch bald wieder unglücklich? Ist Glück doch mehr als nur Geld und Konsum? Arthur SCHOPENHAUER zufolge beruhen 9/10 unseres Glücks auf der Gesundheit. Aber was ist Gesundheit? Ab wann bin ich krank? NIETZSCHE fühlte sich krank, wenn er seinen Alltagsgeschäften nicht mehr nachgehen konnte. Aber was sind meine Alltagsgeschäfte?

Jeder ist seines Glückes Schmied?

Was ist also Glück? Bei der Beantwortung dieser Frage können uns insbesondere der Schmetterling, LAOTSE und BUDDHA helfen. Denn sie weisen uns darauf hin, dass es *das* Glück nicht gibt, dass Glücksvorstellungen immer Produkte unseres Geistes, mentale Bilder sind. In diesem Sinne gilt das Sprichwort, dass jeder seines Glückes Schmied ist, denn jeder macht sich seinen Entwurf vom guten Leben und damit von seinem Glück selbst.

Glück ist dann nichts anderes, als die Übereinstimmung von Geschehnissen mit meinem Lebens-Entwurf, mit meinen Erwartungen ans Leben:

> *Glück und Unglück entstehen in des Menschen Gedanken. //*
> *[...] // Man sieht, nur ein kleiner Wandel im Denken verändert*
> *alles. // Kann man es sich da leisten, unachtsam zu sein?*[179]

Glück hängt also zum einen davon ab, was ein jeder jeweils unter Glück versteht, zum anderen hängt es ab vom Eintreten bestimmter Ereignisse. Dies bedeutet, dass Glück immer prekär ist, denn es kann nur begrenzt beeinflusst werden, ich kann aber meinen Teil dazu tun, dass sich Glücksmomente einstellen, indem ich meine Erwartungen und Wünsche genau kläre. Wenn ich dann noch mit LAOTSE lerne, das Große im Kleinen zu sehen, wenn ich kleine Begebenheiten und meine kleinen Bedürfnisse wahrnehme, können sich viele Glücksmomente über einen Tag verteilt und im ganzen Leben einstellen: Wenn ich zum Beispiel ganz dringend irgendwohin fahren muss und der Bus kommt in einer Minute – dann ist das Glück! Wenn ich abends gerne meditiere und finde Zeit und Ruhe dazu – dann ist das Glück! Wenn ich morgens gerne frischen warmen schwarzen Tee trinke und ich kann mir ebensolchen zubereiten – dann ist das Glück! So kann ich auch in einer Krankheitsphase sehr wohl Glück erfahren – etwa wenn das Fieber wie erhofft sinkt. Vorbedingung für Glück ist in jedem Fall die Klärung meiner Wünsche und Erwartungen sowie die Achtsamkeit gegenüber dem, was um mich geschieht. Allerdings sollten die Wünsche von ihrer Form her auch nicht zu konkret bestimmt sein, denn starres Anhaften an einer Form führt in einer fließenden Welt immer zu Leiden – etwa wenn ich mein Glück davon abhängig mache, dass ich morgens unbedingt Darjeeling-Tee brauche anstatt nur frischen warmen Tee zu wünschen oder erwarte, dass das Fieber genau um 0,7°C sinkt:

> *Konkreter gesagt, bedeutet es zu leben, ohne ein präzises Ziel*
> *oder einen Zweck, jedoch immer eine Richtung und einen Weg*
> *des Lebens zu verfolgen [...] Obwohl ich aber sage, dass wir*
> *uns kein Ziel vorstellen sollen, ist es schwer, in der Gegen-*
> *wart zu leben, ohne eine Richtlinie zu haben.*[180]

Wenn Glück das Eintreten von Umständen gemäß eines individuellen (Lebens-)Entwurfs ist, sind zunächst erst einmal alle Glücksvorstellungen gleichwertig. Denn jeder hat das gleiche Recht auf Glück – aber dies nur, solange die jeweiligen Glücks-Vorstellungen den Ordnungsprinzipien des Dao nicht widersprechen. Glück und die Fähigkeit zum weisen Eigennutz gehen Hand in Hand: denn ich kann auf lange Sicht nur dann glücklich sein, wenn auch die anderen glücklich sind. Auf Kosten anderer seine individuellen Glücksvorstellungen durchzusetzen, mag unter Umständen kurzfristig erfolgreich sein, führt aber auf lange Sicht zu Unglück: „Wer auf der Suche nach Glück jenen schadet, die auch nach Glück streben, wird das Glück niemals finden".[181]

Warum Pech? – Die Frage nach dem Sinn

Wenn die gewünschten Umstände nicht eintreten, habe ich Pech – und bin unglücklich. Warum passiert das gerade mir? Warum habe gerade ich Pech? Als Wesen, das über sein Denken nachdenken kann und sich Sinn geben muss, muss ich mir diese Fragen beantworten können, um ein gutes Leben leben zu können.

An dieser Stelle hilft uns dann LAOTSE bzw. der Daoismus, indem er Pech nicht als Strafe irgendeines göttlichen Wesens für vermeintlich sündige Taten, sondern einfach als Ereignis, das sich so ereignet, wie es sich ereignet, deutet. Pech ist im Daoismus völlig wertfrei, es ist einfach eine Folge der Entwicklung gewisser Umstände, die nicht zu meinen Erwartungen passen. Es ist gewissermaßen Schicksal oder – wie es der Schmetterling nahelegt – einfach eine Verkettung von Umständen, in die ich verwoben bin und die ich nicht kontrollieren kann. Ich bin einfach zur falschen Zeit am falschen Ort:

> *Dschuang Dsï hatte geflickte Kleider an von grobem Tuch, und seine Schuhe hatte er mit Stricken zugebunden. So kam er am König von We vorüber. Der König von We sprach: »Was seid Ihr, Herr, in solcher Not?« Dschuang Dsï sprach: »Armut, nicht Not! Wenn ein Mann im Besitz von SINN [= Dao; PD] und LEBEN [= De; PD] ist und sie nicht ausbreiten kann: das ist Not. Geringe Kleider und zerrissene Schuhe: das ist Armut, nicht Not. Das bedeutet, daß man seine Zeit nicht getroffen hat.*[182]

Da die Umstände jedoch immer im Fluss sind, werden sich auch wieder Glücksmomente einstellen – aber Pech gehört eben auch zum Leben und hat sehr wohl einen Sinn. Denn nur wenn ich Pech habe, weiß ich, wann ich glücklich sein kann. Pech kann mir helfen, meine Wünsche und Vorstellungen vom Glück zu präzisieren und so ggf.

noch mehr Glücksmomente zu erfahren. Glück und Pech gehören somit immer zusammen, sie sind in ihrer Polarität komplementär:

> *In der Zeit gibt es Anfang und Ende; in der Welt gibt es Wandel und Änderungen. Glück und Unglück sind in ständigem Wechsel. Naht sich ein Ereignis, so ist es für manche widrig, für manche günstig. Es zeigt den Wünschen der Einzelnen ein verschiedenes Gesicht.*[183]

Freude ist überall

Vom Glück zu unterscheiden ist Freude: „Glücklichsein hat ein Gegenteil, Freude hat es nicht".[184] Freude sollte dabei nicht zu verwechselt werden mit Exaltiertheit oder Überschwänglichkeit oder Vor-Freude auf etwas. Freude ist auch nicht zu verwechseln mit Spaß-Haben. Wahre Freude berührt uns auf einer tieferen Ebene: Freude ist ein unmittelbarer Kontakt mit der Lebendigkeit des SEINS, Freude kommt unerwartet, direkt. Freude ist nicht prekär wie Glück. Denn Freude kann sich überall, in jedem Moment einstellen, sie ist kein Zustand von Dauer, sie ereignet sich von Moment zu Moment. Das Aufkommen von Freude hängt nicht von einem bestimmten Kontext ab – und so berichtet Viktor FRANKL davon, dass er sogar während seines Aufenthalts im Konzentrationslager beim Anblick des Sonnenuntergangs über den Bergen Freude erfahren konnte. Auch der erblindete Jacques LUSSEYRAN, der etwa eineinhalb Jahre im KZ Buchenwald verbrachte, spricht davon, dass ihn die Freude nie verlassen hat: „Die Freude kommt nicht von außen; sie ist in uns, was immer uns geschieht".[185]

Die Fähigkeit, Freude zu erfahren, hängt also ausschließlich von mir ab, von meiner Offenheit und Wachheit – meiner Achtsamkeit, von meiner Fähigkeit, jeden Moment wahrzunehmen, im Moment zu sein und mit dem Sein in diesem Moment verbunden zu sein:

> *[...]die Freude ist überall; sie ist im grünen Gras der Erde und im heitern Blau des Himmels; in der sorglosen Üppigkeit des Frühlings und in der strengen Enthaltsamkeit des grauen Winters; in den pulsierenden Adern unsres Körpers, in der edlen, aufrechten Haltung der menschlichen Gestalt, in allen Funktionen des Lebens, in der Übung all unsrer Kräfte, in der Erwerbung von Kenntnissen, im Kampf gegen Übel, im Sterben für Güter, an denen wir selbst nicht mehr teilhaben können. Überall ist sie da, die Freude! [...] In der Freude gelangt*

> *die Einheit zu ihrer Verwirklichung: die Einheit unsrer Seele mit der Welt, und die Einheit der Welt mit der ewigen Liebe.*[186]

Freude und Glück fallen nicht unbedingt zusammen. Ein vermeintlich unglückliches Leben muss kein freudloses Leben sein, ein scheinbar glückliches Leben kann aber auch ohne Freude sein. Ohne Freude aber kein gutes Leben. Die Biografie von DARWIN kann als ein Beleg für diese These stehen. Denn er verbrachte viele seiner Jahre in Krankheit mit starken Kopf-, Magen und Gliederschmerzen – SCHOPENHAUER zufolge hatte er also kein Glück. Trotzdem hatte DARWIN – wie er selbst ausführt – ein Leben mit vielen Momenten der Freude:

> *Mein Leben lang war die wissenschaftliche Arbeit für mich Hauptquelle der Freude und einzige Beschäftigung; und die freudige Erregung, die ich aus dieser Arbeit gewinne, läßt mich mein tägliches Unwohlsein zeitweilig vergessen oder vertreibt es ganz.*[187]

Stille – Reines SEIN erfahren

Eine gutes Leben – so wird allgemein unterstellt – ist ein Leben in Bewegung, ein aktives Leben, ein Leben voller Events, voller sozialer Kontakte, keine Pause. Jede Pore der Zeit muss mit Unternehmungen, mit realen oder virtuellen Kontakten gefüllt werden, nichts darf verpasst werden. Und so geben sich Menschen auch lieber selbst schmerzhafte Stromstöße als fünfzehn Minuten allein in einem Zimmer zu sitzen und sich ihren eigenen Gedanken hinzugeben.[188] Auch das Internet und die sozialen Medien wirken in diese Richtung – wir verlernen das Alleinsein, das All-Ein-Sein.[189] Aber gerade ein Immer-wieder-in-die-Stille-Gehen empfehlen uns LAOTSE und die Daoisten als einen weiteren Baustein eines guten Lebens. In einem guten Leben sollten Stille und Bewegung im Ausgleich sein, sollten eine Harmonie bilden. Denn nur aus der Stille heraus ist es möglich zu wissen, wie und wohin ich mich bewegen soll, welche Aktivität in welcher Form mir angemessen ist:

> *[...] Bewegt man sich, // so friert man nicht mehr; // verhält man sich ruhig, // macht einem die Hitze nicht so zu schaffen. // Stille und Ruhe // bringen die ganze Welt ins rechte Maß zurück.*[190]

Stille – Reines SELBST erfahren

Stille ist mehr als das Fehlen von Geräuschen, Stille kommt von innen. Stille ist ein Zustand, in dem ich mit dem SEIN mit-schwingen, in tiefer Resonanz mit dem SEIN sein kann – WuWei: „Zur Wurzel zurückkehren ist Stille [...]".[191] Stille ist jenseits von Raum und Zeit, in der Stille kann die tiefe Verbundenheit des SEINs – christlich gesprochen die Erfahrung einer allumfassenden LIEBE – erfahren werden.

Stille ist zugleich ein Zustand, in dem jedes Begehren an ein Ende kommt, es ist ein Zustand von Zu-FRIEDEN-Sein, ein Zustand, in dem man seinen inneren Frieden, seinen Seelen-Frieden, findet. In der Stille bin ich reines SELBST, losgelöst von allen mentalen Bildern und Konzepten. In der Stille kann größtmögliche Freiheit und Freude erfahren werden:

> *Was Alle unter dem Himmel respektieren, ist Reichtum, Ehre, Langlebigkeit und ein guter Ruf. [...] Die Reichen vergällen sich das Leben durch Arbeitswut. [...] Aber ich bin nicht sicher, ob das, was sie alle Freude nennen, wirklich so freudvoll ist. Gibt es echte Freude, oder gibt es sie nicht? Für mich ist Nichthandeln [WuWei, PD] die wahre Freude, aber die gewöhnlichen Leute finden das ziemlich abscheulich.[192]*

Die Erfahrung des reinen SELBST in der Stille führt zu mehr SELBST-Achtung, verstärkt das SELBST-Wert-Gefühl und reduziert folglich das Verlangen nach Anerkennung und Bestätigung von außen. Denn das reine SELBST genügt sich selbst, es ist SELBST-genügsam, es hat Stärke aus sich selbst: „Wer durch andere glücklich ist, mag reich sein. Aber derjenige, der aus sich selbst heraus zufrieden ist, besitzt unerschöpflichen Reichtum".[193]

Stille – ZuFRIEDEN sein

Stille wird erreicht durch Meditation, Meditation ist ein In-die-Stille-Gehen: sich hinsetzen, den Atem beobachten, den Atem in die Körpermitte, das Dantian, fließen lassen, seinen Gedankenfluss wertfrei beobachten, den Körper still halten, alle Konzepte loslassen. Es muss nicht unbedingt totenstill sein, damit innere Stille erfahrbar wird. Wenn ich geübt bin, kann ich jederzeit und überall Momente der Stille erleben, denn Stille ist immer präsent.

In die Stille gehen, bedeutet dabei keineswegs, sich völlig von der Welt zurückzuziehen. Im Gegenteil – die Erfahrung des reinen SELBST in der Stille ermöglicht es, sich mit der Welt viel authentischer in Beziehung zu setzen. In die Stille gehen ist Voraussetzung, weise eigennützig handeln zu können. Die Erfahrung des reinen SEINs, des Dao, gibt Rückbindung in allen Handlungen, gibt das Gefühl von In-einem-Ganzen zu sein. Aus der Erfahrung des inneren Friedens, aus der Erfahrung von ZuFRIEDENheit in der Stille, aus der Erfahrung der tiefen Verbundenheit mit dem SEIN, kann sich eine friedvolle und nährende Verbundenheit herstellen, ein Mit-Fühlen mit den Mit-Wesen und Mit-Menschen:

Nichts kommt der Stille, nichts der Leere gleich. Durch Stille, durch Leere findet man die Heimat, durch Nehmen und Geben verliert man seinen Ort.[194]

Der Tod als die große Stille

Der Mensch ist wohl das einzige Wesen auf der Welt mit einem Todesbewusstsein, mit dem Wissen, dass sein Leben endlich ist, dass er sterben wird. Die Furcht vor dem Tod macht uns nach Ansicht des Anthropologen Ernest BECKER unsicher, wir suchen zeitlebens nach Strategien der Unsicherheitsbewältigung:

> *Der Gedanke an den Tod, die Furcht vor ihm, verfolgt das Tier Mensch wie nichts sonst; er ist eine der Triebfedern menschlichen Handelns, eines Handelns, das hauptsächlich ausgerichtet ist, dem Schicksal des Todes zu entgehen oder es zu besiegen, indem wir leugnen, daß es unser aller endgültiges Schicksal ist.* [195]

Das Erfahren tiefer Stille kann uns die Furcht vor dem Tod nehmen und den Umgang mit Sterben erleichtern. Dann können wir auch mit der Unsicherheit des Lebens besser umgehen und müssen uns nicht mit dem Anhäufen von Dingen dagegen schützen. Das bewusste Annehmen des Todes als Teil unseres Daseins kann uns sogar zu einem besseren Leben führen, indem wir unsere Lebenszeit bewusster nutzen, indem wir uns klar werden, was im Leben wirklich wichtig ist und womit wir unsere Lebens-Zeit nicht vergeuden sollten. Buddhistische Todesmeditation als Methode des bewussten Nachdenkens über den Tod ist von daher keine nekrophile Übung, sondern kann ein bedeutender Beitrag zu einem guten Leben sein.

Aus daoistischer Sicht ist Tod nichts anderes als das Eingehen in die große Stille, das Wiederzurückkehren zur Wurzel, in den Urgrund, aus dem alle Dinge und Wesen stammen. Sein und Nicht-Sein, Leben und Tod sind Teil des Ganzen in einem polaren Gegensatz:

> *Das große All trägt uns durch die Form; es schafft uns Mühe durch das Leben; es schafft uns Lösung durch das Alter; es schafft uns Ruhe durch den Tod. So wird (die Kraft), die es gut gemacht hat mit unserem Leben, eben deshalb es auch gut machen mit unserem Sterben.* [196]

Im dunklen, stillen Urgrund wartet nach daoistischen Vorstellungen kein irgendwie gearteter Richter mit dem Buch des Lebens auf uns, im Urgrund ist es einfach still. Es ist dabei aus daoistischer Sicht auch völlig offen, ob wir in einer anderen Energie-Form wieder ins Leben kommen oder nicht. Jedenfalls hängt die Form einer möglichen Wiedergeburt nicht von unseren Taten während unseres Menschenlebens ab:

> *»Soll ich Euch vom Tod erzählen, mein Herr?« »Ja«, sagte Meister Zhuang. »Wenn du tot bist«, sagte der Totenschädel, »dann gibt es keinen Herrscher über dir und keine Untertanen unter dir. Es gibt auch nicht die den vier Jahreszeiten entsprechenden Besorgungen; statt dessen vergeht die Zeit gemächlich wie für Himmel und Erde. Nicht einmal die Freuden eines nach Süden gewandten Königs wären größer als die der Toten.«[197]*

Lebendigkeit – Aus-sich-Selbst-sein

Den Tod als Teil des Lebens annehmen, kann man im Sinne des daoistischen polaren Denkens als Teil eines lebendigen Lebens verstehen. Lebendigkeit ist dabei keinesfalls Laut-Sein, Exaltiert-Sein oder Hyperaktiv-Sein. Lebendig-Sein bedeutet Laotse und den Daoisten zufolge Aus-sich-Selbst-Sein, natürlich sein, selbstbestimmt sein, authentisch sein und lebendige Beziehungen zur Mit-Welt pflegen.

Lebendiger Geist – Selbstbestimmt denken

Nicht nur LAOTSE und ZHUANGZI, sondern auch große Teile unserer westlichen Denktradition – etwa Heraklit, Sokrates, Epikur, Seneca, Voltaire, Pascal, Goethe, Schopenhauer oder die US-amerikanischen Transzendentalisten EMERSON und THOREAU – sehen im selbstbestimmten Denken einen wesentlichen Baustein guten Lebens:

> *Der Sumpffasan muss zehn Schritte machen, bevor er etwas zu picken findet, und hundert, bevor er etwas zu trinken bekommt. Dennoch würde der Fasan es vorziehen, nicht in einem Käfig aufgezogen zu werden, wo sein Geist, auch wenn man ihn behandelte wie einen König, sich nicht entfalten könnte.[198]*

Ein lebendiger Geist hält sich nicht an vorgefertigten Denkschablonen fest, vermeidet jegliche Vorannahmen über die zukünftige Entwicklung von Umständen oder das mögliche Eintreffen von Ereignissen. Ein lebendiger Geist kann uns von daher vor Täuschungen bewahren und somit vor Ent-Täuschungen. Denn Ent-Täuschung kommt immer von Täuschung, von unpassenden Vorannahmen: „[…] Vorherwissen ist des SINNES [= des Dao; PD] Schein // und der Torheit Beginn […]".[199]

Immer im Kontakt mit dem Fließen des SEINs hält sich ein lebendiger Geist nicht an vermeintlich bewährten Denkmustern fest, sondern weiß um die Wichtigkeit von Kontextsensibilität und Intuition. Ein lebendiger Geist denkt stets über sein Denken nach und ist misstrauisch gegen jedes Gruppen-Denken, gegen jede *Denk-Schule*, gegen jeden Zeitgeist – der Nationalsozialismus ist wohl noch immer Mahnung genug, dass Mehrheiten niemals per se Recht haben müssen und das Gute wollen, dass Massen, die einer Welt-Anschauung hinterherlaufen, immer zu Vorsicht mahnen: „Wer ein Mensch sein will, der muß Nonkonformist sein".[200] Ein lebendiger Geist hört niemals auf zu fragen, er bewahrt sich das innere Kind und bleibt folglich immer staunend und neugierig, er kultiviert ein lebendiges Lernen als ein Lernen aus sich selbst heraus – eine Begegnung mit DARWIN kann auch hier beispielgebend sein:

> *Soweit ich das selbst beurteilen kann, bin ich kein Mensch, der blind Vordenkern folgt. Ich habe mich immer strebend bemüht, meinen Geist frei zu halten, so dass ich jede Hypothese wieder aufgeben kann, auch wenn sie mir noch sie gefällt [...], sobald Tatsachen auftauchen, die sie widerlegen.*[201]

Indem ein lebendiger Geist soziale, kulturelle, technologische und biophysikalische Prozesse durchdenken und aus verschiedenen Blickwinkeln erfassen kann, indem er das Normale nicht als normal hinnimmt und das Seiende als etwas Gewordenes versteht, verhindert ein lebendiger Geist, dass wir uns in die Welt geworfen, irgendwelchen Mächten ausgeliefert fühlen. Ein lebendiger, selbstdenkender Geist macht unabhängig vom Urteil der immer dem Zeitgeist verhafteten Klein-Geister, von den Welt-Deutungen der „ästhetischen und ideologischen Clowns"[202], ein lebendiger Geist gibt uns auf diese Weise Würde, er macht uns zu eigenständigen Subjekten: „[...] Ist die innere Kraft vollendet, entsteht Weisheit // und die zehntausend Dinge und Wesen werden verstanden".[203]

Die Welt aus verschiedenen Blickwinkeln sehen und erfassen zu können, den Denk-Raum opulent zu gestalten, stellt einen immensen Reichtum dar, einen Reichtum, der unerschöpflich ist, da der Denk-Raum unendlich ist und – wie auch die Freude der tiefen Stille – einem nicht so leicht genommen werden kann. Der Reichtum eines lebendigen Geistes ist Reichtum, den man – in den Worten von Herman HESSE – bis zu seinem Tode immer bei sich behält:

Wir können Geld, Gesundheit, Freiheit, Leben verlieren. Aber nur zugleich mit dem Leben kann uns das genommen werden, was wir an geistigen Werten wirklich erworben haben und besitzen.[204]

Genügsamkeit mach frei – Authentisch leben und arbeiten

DARWIN, der Schmetterling und LAOTSE legen weiterhin nahe, dass ein lebendiger Geist jede Welt-Anschauung und Handlung ablehnt, die das Lebendige in Frage stellt, die Lebendiges zu leblosen, gleichförmigen Objekten degradiert, gewaltsam behandelt, ausbeutet oder vernichtet. Damit wird lebendiges Leben in einer Welt der Gewinn-Sucht, der Gewalt, der Geist- und Gedankenlosigkeit zu einem nicht ganz leichten Unternehmen. Denn wer die vorherrschenden Werte und die damit verbundenen ausbeuterischen Tätigkeiten ablehnt, gilt als nicht normal und wird dementsprechend im Zugang zu materiellen Ressourcen behindert.

Dass sich so viele Menschen immer wieder auf die lebens- und selbstschädigenden Strukturen der kapitalistischen Arbeits- und Wirtschaftsweise einlassen, ist Folge davon, dass sie – ganz dem vorherrschenden Paradigma verhaftet – gutes Leben auf Haben und vor allem Immer-mehr-Haben verengen: *Mein Haus, mein Auto, mein Boot.* Haben und mehr Haben wird gleichgesetzt mit Glück. Will ich aber immer mehr haben, will ich immer den neuesten Moden folgen und definiere ich meinen Selbstwert über Anerkennung meines Habens durch andere, muss ich mich auf die Zwänge des kapitalistischen Arbeitslagers einlassen, „bullshit jobs"[205] annehmen, und mich in der Freizeit zum Konsumenten – der Konsument als „[…] der ewige Säugling, der nach der Flasche schreit"[206] – degradieren, mich von der Welt der Dinge jagen lassen.

Um frei denken, nicht-zerstörerische Werte leben und nährende Tätigkeiten ausüben zu können, die das Lebendige nicht der Hab- und Gewinn-Sucht wegen schädigen, gibt es LAOTSE zufolge nur eine Strategie: Genügsamkeit – Genügsamkeit macht frei:

Wenn das Reich dem Weg [= Dao; PD] folgt, // ziehen selbst Rennpferde den Dünger zum Feld; // wenn das Reich dem Weg nicht folgt, // züchtet man die Kriegspferde schon an der Reichsgrenze. // Kein Verbrechen ist schlimmer als das Verlangen; // kein Übel ist größer als die Ungenügsamkeit; // kein Unglück ist größer als die Habsucht. // Darum: Wer genügsam ist, wird stets genug haben.[207]

Genügsamkeit bedeutet allerdings nicht, einen beschränkten Geist zu pflegen, seinen Denk-Raum beschränkt zu halten: „Als Mensch, nach innen, kann man unbegrenzt wachsen. Man kann mehr lernen, besser werden, weiser werden".[208] Genügsamkeit bezieht sich immer auf die dingliche Welt, auf das Haben – bedeutet jedoch auch hier nicht Askese, sondern aus dem wahren SELBST heraus zu fühlen und zu entscheiden, was ich wirklich für mein gutes Leben benötige. Denn um den Kauf von Dingen komme ich niemals herum: Ich benötige Nahrungsmittel, Möbel, Kleidung etc. Freiheit bedeutet hier, sich nicht von diesen Dingen und vermeintlichen Trends treiben zu lassen, seinem Bedarf und seinen Bedürfnissen gemäß zu konsumieren, das richtige Maß zu finden, den Mittleren Weg zu gehen: „Der Weise ist niemals ein Diener der Dinge".[209]

Der Gewinn für den Ausstieg aus dem Hamsterrad des Immer-Mehr-Haben-Müssens besteht in mehr selbstbestimmter Zeit und Muße, in einer besseren Lebens-Balance zwischen notwendiger Erwerbsarbeit und Eigenzeit, zwischen Beruf und Familie –in mehr Zeit, die Lebendigkeit der eigenen Kinder zu erfahren. Ich kann zudem die vielen Facetten meine Persönlichkeit gleichwertiger leben und entwickeln. Um mit Karl MARX zu sprechen wäre es möglich, „[…] heute dies, morgen jenes zu tun, morgens zu jagen, nachmittags zu fischen, abends Viehzucht zu treiben, nach dem Essen zu kritisieren, wie ich gerade Lust habe, ohne je Jäger, Fischer, Hirt oder Kritiker zu werden".[210]

Habgier, Habsucht und Konsumismus sind – wie entsprechende psychologische Studien immer wieder zeigen[211] – Ausdruck dafür, dass das richtige Maß, dass die Rückbindung an das SELBST und das SEIN verloren gegangen sind und folglich die innere Unsicherheit so groß ist, dass man mit den Dingen und in der Anerkennung des Habens von Dingen durch Dritte ein äußeres Stützkorsett aufbauen muss. Aber die Unsicherheit wird durch mehr Haben nicht weniger, denn Besitz und Verlangen nach Anerkennung sowie sozialem Status mittels Besitz sind in unserer dynamischen Welt immer prekär. Die Biografien vieler Investment-Banker nach der Pleite der US-amerikanischen Investmentbank Lehman Brothers können als Bestätigung für diese These gelten.

Weiterhin wird deutlich, dass der Erwerb der finanziellen Mittel, die erforderlich sind, um am Wettrennen des Habens vermeintlich erfolgreich teilnehmen zu können, allein um den Preis der Ausbeutung und Zerstörung von Mensch und Natur zu haben ist. Woher sonst stammt denn der immense materielle Reichtum so vieler russischer Oligarchen, US-amerikanischer Milliardäre oder von Führungskräften in der

Bekleidungsindustrie? Ein Blick auf die FORTUNE-500-Liste der weltgrößten Unternehmen sowie auf die FORBES-Liste der reichsten Menschen der Welt ist Antwort genug. Zu erwähnen sind an dieser Stelle auch die kriminellen Machenschaften großer Unternehmen und Banken – etwa die Manipulation von Wechselkursen oder die Manipulation von Abgaswerten durch große Automobilunternehmen oder die Machenschaften mit so genannten Briefkasten-Firmen:

> *Es sind die Schamlosen, die reich werden [...] und jene, in die man viel Vertrauen setzt, werden prominent. Den größten Ruhm und Gewinn scheint zu versprechen, wenn man in Schamlosigkeit und Vertrauen lügt.*[212]

Ausbeutung kann niemals Bestandteil eines guten Lebens sein, Ausbeutung stellt Johan GALTUNG zufolge den „Schlüsselfall struktureller Gewalt" dar.[213] Sie geht im Netz der Gewalt niemals verloren. Es ist von daher kein Wunder, dass LAOTSE und die Daoisten jegliche Form der Ausbeutung als Räuberunwesen kritisieren und ablehnen:

> *[...] Der große Weg ist einfach, // aber die Menschen ziehen die Umwege vor. // Der Palast ist voller Schätze, // auf den Feldern wuchert das Unkraut, // und die Kornspeicher sind leer, // aber die Herrschaften tragen prächtige Kleider und behängen sich mit Schmuck und blitzenden Schwertern; // sie prassen beim Essen und Trinken // und besitzen mehr Güter als nötig: // das sind Raubritter und Räuberbarone. // Dort ist ganz sicher nicht der Weg [= das Dao; PD].*[214]

Lebendige Seele – Lebendige Beziehungen pflegen

Gutes Leben ist nicht nur ein genügsames Leben, sondern ein Leben, das lebendige Beziehungen zu den Mit-Wesen und den Mit-Dingen pflegt. Ein Leben mit einer lebendigen Seele oder – um einen chinesischen Begriff zu gebrauchen, der in etwa Seele meint – mit einem lebendigen *Herz-Geist*. Die Seele ist keineswegs eine fixe Einheit in uns, sondern sie sollte als die jeweils individuelle Art und Weise der Beziehungen zur lebenden und dinghaften Um-Welt – zu unseren Mit-Wesen, Mit-Menschen, zu unserem SELBST und zum SEIN – verstanden werden:

> *Das Seelische hat mit Beziehung zu tun. Es schafft Resonanz und lässt mitschwingen. Es gehört zum Menschen, aber nicht als Besitz, sondern als Beziehung schaffender Raum, der nicht durch das individuelle Selbst begrenzt wird.[215]*

Eine depressive Seele hat keine Beziehungen mehr, sie ist finster, sie hat ihr Fenster zur Mit-Welt geschlossen. Die gewinn-süchtige Seele ist eine im Grunde unsichere Seele, denn sie hat ihre Verbundenheit zum SELBST, ihre Rückbindung an das SEIN verloren. Kybernetisch gesprochen kann sie IST und SOLL nicht mehr in einen Ausgleich bringen, weil ihr der Maßstab – das SOLL – abhandengekommen ist. Da sich eine unsichere Seele auch nicht selbst lieben kann, fügt sie auch der Mit-Welt Gewalt zu, sie ist zerstörerisch. Dagegen schwingt eine nicht-ausbeuterische, lebendige Seele mit dem SEIN, sie baut nährende Beziehungen zur wesen- und dinghaften Mit-Welt und vor allem zur Selbst-Welt auf.

Lebendige Beziehungen – Dinge, Pflanzen, Tiere

Überall kann ich mich mit (wenigen) lebendigen Dingen umgeben: mit notwendigen Gebrauchsgegenständen aus lebendigen (Natur-) Materialien, mit *schönen Dingen*, die zu einem achtsamen Umgang anregen und zugleich eine lebendige Ausstrahlung haben. Dinge, von denen ich weiß, dass sie in ihrer Herstellung und Entsorgung die Mit-Wesen nicht verletzen und GAIA so wenig Schaden wie möglich zufügen – etwa Dinge, die zu reparieren sind und mich daher ein Leben lang begleiten können. Habe ich wenige schöne Dinge um mich, die ich wertschätze, bin ich auch viel eher bereit, sie zu pflegen:

> *Fast jeder Gegenstand, den wir heute benutzen, kann aus Kunststoff hergestellt werden [...] Solcherart angefertigte Gegenstände erfüllen ihren Zweck perfekt. Sie sind häßlich. Denn die Schönheit eines Produktes beruht auf der Kombination von natürlichen Materialstrukturen mit dem einzigartigen Können und der liebevollen Bearbeitung durch einen Handwerker.[216]*

Zu toten Gegenständen – zu billigen Kleidungsstücken, Einrichtungsgegenständen oder Küchenutensilien – bauen wir niemals eine lebendige Beziehung auf, werden sie auch entsprechend behandeln und beim Aufkommen des nächsten Modetrends wegwerfen.

Lebendigkeit lebt eine lebendige Seele auch in der Beziehung zu den Mit-Wesen: zu Pflanzen oder Tieren. Nicht von ungefähr stammen viele Gleichnisse vom guten Handeln im Daoismus aus der Welt des Gärtnerns bzw. der Welt der Bauern. Es ist selbstredend, dass eine lebendige Seele Produkte aus industrialisierter Landwirtschaft, die Tiere und Pflanzen zu leblosen Objekte degradiert und quält, die die Erde und die in ihr lebenden Organismen mit giftigen Stoffen malträtiert, ablehnen muss. Wie die Kristallisations-Bilder von Walter DÄNZER zeigen, sind Produkte aus ökologischer Landwirtschaft in sich auch viel lebendiger und geben mir mehr Lebendigkeit zurück.[217] Einen solchen Reichtum bieten uns Convenience-Produkte niemals. Sie sind tote Produkte, denn sie sind das Produkt mechanistischen Denkens und Handelns, sie schmecken überall gleich, in ihre Zubereitung bin ich kaum verwoben.

Eine lebendige Seele muss keinesfalls strenger Vegetarier oder gar Veganer sein – zumal beide Ernährungsformen von problematischen theoretischen Vorannahmen ausgehen und dabei zugleich eine hierarchisierende Wertung vornehmen, indem sie Tiere über Pflanzen stellen. Beim heutigen Stand des Wissens ist dies nicht gerechtfertigt, denn Pflanzen scheinen nicht weniger intelligent zu sein als Tiere, lediglich in anderen Formen. Zudem ist die Einteilung zwischen Tieren und Pflanzen eine menschen-gemachte und nicht durch das Lebendige selbst gegeben. In der Biologie existiert nur die Unterteilung zwischen Lebewesen: Lebewesen *mit* oder *ohne* Zellkern (Prokaryoten bzw. Eukaryoten). Vor diesem Hintergrund sind Vegetarismus und Veganismus bei genauem Hinsehen eigentlich nichts anderes als eine weitere Spielart anthropozentrischen Denkens in seiner christlich-jüdischen Variante, indem sie denjenigen Lebewesen mehr Schutz zukommen lassen möchten, die uns Menschen ähnlicher sehen – die Augen, Beine und Ohren haben sowie Laute von sich geben können. Aus einer daoistischen Perspektive sind alle Lebe-Wesen unsere Mit-Wesen, alle Lebewesen sind gleichwertig und allen Lebewesen gilt gleicher Respekt:

> *Alle Wesen auf der Welt sind unsere Mitgeschöpfe. Unter diesen Geschöpfen gibt es nicht edlere und geringere. Sie überwältigen einander nur durch Größe, Klugheit und Kraft und essen dann der Reihe nach einander auf. Es ist aber nicht so, dass sie füreinander erzeugt wären. Was der Mensch an essbaren Dingen unter die Hand bekommt, das isst er auf. Aber das ist nicht ursprünglich vom Himmel für die Menschen erzeugt.[218]*

Wenn wir allen Lebewesen Respekt und Mitgefühl entgegenbringen, können wir die Verbundenheit des SEINs fühlen, können wir uns in der Verbundenheit allen SEINs rückbinden, sind wir im Ganzen aufgehoben und haben unseren Ort. Aus diesem tiefen Gefühl der umfassenden Verbundenheit, aus diesem Gefühl der Rückbindung an das ganze SEIN resultiert Klarheit in den Werten für ein gutes Leben ebenso wie Freude. Denn Freude kommt aus der tiefen Begegnung mit dem Lebendigen.

Der größte Einsiedler lebt in der Stadt – Beziehungen zu den Mit-Menschen

Ganz so einfach wie mit Tieren und Pflanzen ist es nicht, mit den Mit-Menschen lebendige Beziehungen aufzubauen und zu unterhalten. Dies gelingt meist nur mit wenigen Menschen – mit denjenigen, die wir lieben, mit denen wir geistig, körperlich und seelisch eine intensive Verbundenheit fühlen. Wie sollen wir aber mit Menschen umgehen, die nicht achtsam leben, die gewinn-süchtig, gewalttätig und gedankenlos handeln, die sich selbst nicht lieben und daher andere nicht lieben können? Wie sollen wir – um mit Robert SUTTON zu sprechen – mit „Arschlöchern" umgehen, die ggf. sogar noch Entscheidungsbefugnis besitzen?[219]

Die beste Antwort auf dieses Fragen findet sich meines Erachtens wiederum bei LAOTSE und dem Daoismus: Gutes Leben besteht für die Daoisten darin, soziale Beziehungen zu schädigenden Menschen bzw. zu Einrichtungen, die uns schädigen wollen, oder uns in ihrer bürokratischen Handlungsweise auf leblose Objekte reduzieren, auf ein Minimum, auf das Nötige zu beschränken und zugleich im stillen Sitzen den eigenen Geist so zu festigen, dass die wenigen notwendigen Interaktionen mich so wenig wie möglich in Unruhe versetzen, mir meinen Seelenfrieden nicht nehmen, mich nicht aus den Gleichgewicht bringen können:

> *Befreiung von Verstrickungen bedeutet Ruhe und Rast, Ruhe und Rast bedeuten den Beginn eines neuen Lebens, und wenn man ein neues Leben beginnt, kommt man dem Tao nahe. [...] Wenn man Geschäftsangelegenheiten im Stich läßt, wird der Leib von Sorgen befreit, und wenn man das Leben verläßt, wird der Geist als Ganzes bewahrt.*[220]

Das Leben verlassen bedeutet dabei keinesfalls, keine Verantwortung mehr für das Ganze zu übernehmen. Wie der Schmetterling gezeigt hat, sind es ja gerade die kleinen Alltags-Handlungen, die für den Zustand des Ganzen entscheidend sind. Und für diese kleinen Alltags-Handlungen bin ich ganz allein verantwortlich, bei jeder Tätigkeit, die ich verrichte – ob beim Hausputz, beim Einkaufen oder im Büro –, habe ich die *Macht des Moments* und kann Mitgefühl mit allen Mit-Wesen praktizieren, meine Rückgebundenheit und Verbundenheit mit dem lebendigen SEIN fühlen. In jeder Handlung kann ich Zurück-Geben, ich benötige dafür nicht große karitative Einrichtungen. Sehe ich das Große im Kleinen, finde ich immer und überall Sinn und kann überall ein sinnvolles, erfülltes Leben leben und mir Selbstwert geben:

> *Mach dir keine Gedanken darüber, ob das Verdienst, das du dir durch gute Taten erworben hast, groß oder klein, gering oder hoch ist. Sei einfach vollkommen aufrichtig. Dann liegt unermessliches Verdienst darin, wenn du auch nur ein Insekt rettest oder für eine Pflanze sorgst und einfach tust, was du kannst.*[221]

Befreiung von Verstrickungen bedeutet in den Worten des ZEN-Priesters DOGEN von den „[...] Wertungen der Weltleute frei zu sein".[222] Ob ich die „Wertungen der Weltleute" an mich heranlasse, dafür bin ich wieder selbst verantwortlich, denn – und da hat Ralph Waldo EMERSON völlig recht – „[...] die Macht, die die Menschen haben, mich zu verdrießen, gebe ich ihnen erst durch eine schwächliche Neugier".[223] Von daher muss ich mich keinesfalls tief in die Berge oder Wälder oder auf einen Einsiedlerhof zurückziehen, um ein gutes Leben in Distanz zu schädigenden Menschen leben zu können. Bisweilen genügt auch schon, den Aus-Knopf auf der Fernbedienung des TV zu bedienen oder den PC auszuschalten, keine Mails zu checken, sich auf die Matte zu setzen und in die Stille zu gehen. Der größte Einsiedler – so der Daoist ZHANG GODUAN – lebt in der Stadt:

> *Man sollte wissen, dass die größten Einsiedler mitten in der Stadt leben. Begib dich nicht auf die Suche nach denjenigen, die tief in den Bergen und Wäldern ein abgeschiedenes und isoliertes Leben der Selbstverleugnung führen. Große Einsiedler leben in den Städten und übertreffen diejenigen, die in Abgeschiedenheit leben.*[224]

Wovon ich mich allerdings niemals zurückziehen kann, ist der mich umgebende bio-physikalische Kontext. Wenn ich kein Auto besitze, muss ich trotzdem das Ozon im Sommer einatmen und bin der Feinstaub-Belastung ausgesetzt; auch wenn ich nur Fleisch aus Bioproduktion esse, werde ich mit den multiresistenten Keimen aus der Massentierhaltung konfrontiert. Ein Leben der Genügsamkeit, Gewaltfreiheit und Bewusstheit trotzdem zu leben, kann sich aus daoistischer Perspektive niemals durch Belohnung von außen begründen, sondern ausschließlich aus sich selbst – aus dem Erleben eines erfüllten Da-Seins in Freude, Stille und Lebendigkeit: „Nährt man seine Natur mit Stille // und lässt seinen Geist in Unbekümmertheit weilen // betritt man das Tor des Himmels".[225]

Lebendig Leben – Selbstbestimmt Sterben

Wie oben ausgeführt, sind im daoistischen Denken Leben und Tod eine untrennbare Einheit: Sterben ist der Eingang in die große Stille. Wenn ich lebendig gelebt habe, wenn *mein Leben* mein Leben war, ich also authentisch war, wenn ich mein Lebens-Projekt gefunden habe, dann ist der Tod keine Bedrohung mehr, sondern hat eher den Charakter eines Angekommen-Seins, eines Zu-Ende-gebracht-Habens. Der Tod – so auch KONFUZIUS – braucht mir dann keine Angst mehr machen, ich habe meinen Seelenfrieden gefunden: „In der Frühe die Wahrheit [= Dao; PD] vernehmen und des Abends sterben: das ist nicht schlimm".[226] Verbirgt sich hinter dem Wunsch, unbedingt sehr alt zu werden, nicht bisweilen das Eingeständnis, sein Leben nicht gefunden, alles auf einen späteren Zeitpunkt aufgeschoben zu haben und immer noch suchen zu wollen?: „Wie will ich wissen, ob die Angst vor dem Tod mich nicht zu einem verirrten Wanderer macht, der den Weg nach Hause nicht findet?".[227]

Zu einem guten Leben gehört meines Erachtens immer ein selbstbestimmtes Sterben. Jeder muss die Möglichkeit haben, den Zeitpunkt seines Eingangs in die große Stille selbst wählen zu können – etwa dann, wenn er unheilbar krank ist oder die sozio-kulturellen Umstände ihn zu einem Leben zwingen, das einer Wertschätzung des Lebendigen massiv entgegensteht, oder ihm den Zugang zu notwendigen Ressourcen in einer Weise beschneiden, dass Freude, Stille und Lebendigkeit nicht mehr gelebt werden können. Lebendiges Leben schließt folglich einen Freitod immer mit ein. Wenn ich Verbundenheit zu meinem SELBST habe, wenn ich aus meinen SELBST und dem Fließen des SEINS bzw. dem Dao heraus denke und weise eigennützig handle, werde ich den Zeitpunkt und die Umstände für mein Ableben sicher richtig wählen. Ich brauche dann auch keine bevormundenden Gesetze zur Sterbehilfe mehr: „Herrscht das Tao vor, brauchen die Menschen keine Politik".[228]

Die beste Unterstützung des Sterbens, die staatliche Politik anbieten könnte, wäre die Förderung von Selbstkompetenz durch Achtsamkeitspraxis als Schulfach und als obligatorisches Studienfach für angehende Ärzte als Grundlage einer guten Palliativmedizin sowie die Unterstützung jedes Individuums im Zugang zu geeigneten Giften für einen sanften, selbstbestimmten Tod zum selbst gewählten Zeitpunkt:

> *Ein Mensch, der aus dem Leben tritt, fügt der Gesellschaft keinen Schaden zu. Er hört lediglich auf, Gutes zu tun; was, wenn es ein Unrecht ist, ein solches der geringsten Art darstellt. [...] Ich glaube, dass noch niemand ein Leben wegwarf, das zu erhalten der Mühe wert war.*[229]

Selbstbestimmtes Sterben ist jedoch nicht immer möglich. Denn ich muss stets damit rechnen, dass ich jeden Moment sterben kann, dass ich etwa durch einen Unfall oder durch eine Gewalttat plötzlich aus dem Leben gerissen werde. Ein solcher Tod ist weniger leidvoll für mich, als für die Menschen, die mit mir in enger Verbundenheit stehen und die ich zurücklasse. Ich kann ihnen die Trauer und den Schmerz des Verlustes nicht mehr nehmen, aber ich kann zu Lebzeiten dafür sorgen, dass alles entsprechend vorbereitet ist. Zum anderen können wir zu Lebzeiten gemeinsam – etwa in der Familie oder mit engen Freuden – dafür sorgen, unser SELBST so zu kultivieren, dass wir Situationen eines plötzlichen und unwiderruflichen Verlusts angemessen meistern können. Somit gilt auch für diesen Fall: Das Nachdenken über den Tod ist immer auch Bestandteil eines guten Lebens – für alle Beteiligten:

> *Tschuangtses Frau war gestorben [...] ,Als sie starb, war ich [Zhuangzi; PD] natürlich sehr traurig. Aber dann dachte ich nach und begriff, daß sie ursprünglich kein Leben hatte [...] Sie war ein Teil einer großen Gestaltlosigkeit. [...] nun verändert sie sich abermals und geht in den Tod ein. Sie macht also nur einen Ablauf durch, der dem Wechsel von Frühling, Sommer, Herbst und Winter gleicht. Da liegt sie nun friedvoll in einem großen Hause.*[230]

Lebendiges Leben im Angesicht des Todes ist bewusstes Leben in der Präsenz, in der Achtsamkeit des gegenwärtigen Moments, in der Pflege von Freude, Stille und Lebendigkeit.

CARE –
DIE FRAGMENTIERUNG DES SEINS AUFHEBEN

Nun hat die Denk-Reise einen (vorläufigen?) Endpunkt gefunden. Gute Politik, so das zentrale Ergebnis, basiert auf drei Bausteinen: systemischem Denken, dialogischer Kommunikation und Achtsamkeit im Handeln. Bei genauerem Hinsehen und im zusammenfassenden Rückblick lässt sich hinter diesen Bausteinen eine große Klammer erkennen, die der Denk-Reise eigentlich von Anbeginn unterlegt war, die sozusagen den unsichtbaren Generalbass bildete: *Care* – die durchgängige Aufwertung fürsorglichen Denkens und Handelns in allen Politik-Bereichen und auf allen Politik-Ebenen. So findet sich der Care-Gedanke bereits im Konzept der Nachhaltigkeit, das den Referenzrahmen der Analysen staatlichen Handelns in der Forschungs- und Technologiepolitik bildete, er findet sich in meinem Ansatz von Geschlechterdemokratie, der Care-Gedanke findet sich schließlich in den politischen Ethiken des Daoismus, des Buddhismus und des ZEN.

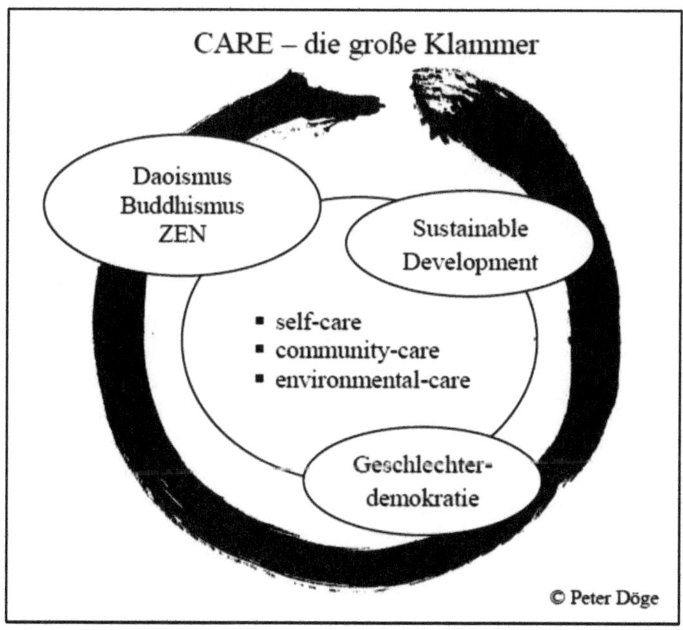

Care – Die große Klammer

Nachhaltigkeit, Geschlechterdemokratie und ZEN stehen dabei zugleich für drei Ebenen von Care: Nachhaltigkeit als Fürsorge im Umgang mit den Mit-Wesen und der bio-physikalischen Umwelt (environmental-care), Geschlechterdemokratie als Fürsorge im Umgang mit den Mit-Menschen (Community-Care), Daoismus, Buddhismus und ZEN als Fürsorge im Umgang mit sich selbst (Self-Care).[231] Die Begegnungen mit DARWIN, dem Schmetterling und LAOTSE haben mir dabei mit Nachdruck nahegelegt, dass Self-Care – Selbst-Liebe im Sinne von weisem Eigennutz – die entscheidende Grundlage guten Handelns und guter Politik bildet. Es ist *der* zentrale Ansatzpunkt, die Welt ein bisschen besser zu machen:

> *Dschan Ho sprach: »Ich habe noch nie gehört, daß, wenn das eigne Selbst in Ordnung ist, der Staat in Verwirrung käme, und habe auch noch nie gehört, daß, wenn das eigne Selbst in Verwirrung ist, der Staat sich ordnen ließe. Die Ursache der Ordnung liegt also im eignen Selbst [...].«[232]*

Politik wird immer und überall von lebendigen Menschen gemacht, wobei jedes handelnde Individuum im Sinne der Thermodynamik als eine Bifurkation verstanden werden kann – als eine Weggabelung, die die weitere Ausgestaltung des sozialen Raums bzw. den Entwicklungsgang sozialer Prozesse und den Gang der Welt durch seine Handlungen (mit-)bestimmt. Politik hat viele Orte und Akteure, aus der systemischen Verwobenheit des SEINs, aus dem All-Eins-Sein gibt es kein Entkommen. Die vielen kleinen Handlungen der vielen Menschen, die alltäglichen Mikropolitiken, verdichten sich über Rückkopplungsschleifen zu Institutionen und Strukturen, die wiederum auf die Individuen zurückwirken: Ausbeutung gibt es, weil es Menschen gibt, die sich mittels anderer bereichern; Folter gibt es, weil es Menschen gibt, die foltern; Aktienmärkte gibt es, weil Menschen Aktien tauschen und mit Aktien spekulieren; Kriege gibt es, weil es Soldaten gibt, die in den Krieg marschieren und weil es Menschen gibt, die Waffen produzieren; einen Schwund der Artenvielfalt gibt es, weil Menschen durch ihre Lebensweise ihre natürliche Umwelt zerstören, die Macht der Lobbyisten gibt es, weil Parlamentsmitglieder oder Ärzte ihnen ihre Büro- bzw. Praxistüren öffnen. Das Große liegt immer im Kleinen: „[...] die großen Dinge // fangen stets klein an".[233]

In dieser Betonung der Ebene der Selbst-Kultivierung und Selbst-Steuerung als dem zentralen Ausganspunkt guter Politik und in der Darstellung entsprechender Selbstkultivierungs-Techniken liegt aus meiner Sicht die wesentliche Bereicherung westlicher politischer Ethik und politischer Theorie durch LAOTSE im Besonderen bzw. durch die asiatische Philosophie im Allgemeinen. Selbst-Kultivierung beginnt dabei immer im Geist mit der kritischen Reflexion vorherrschender Bilder und Konzepte – besonders mit der Reflexion des Bildes vom guten Leben. Denn das Bild vom guten Leben ist *der* zentrale Ordner sozialer Interaktion und politischen Handelns in den unterschiedlichen Bereichen von Gesellschaft. Es ist das SOLL, an dem auf den unterschiedlichen Handlungsebenen jedes IST gemessen wird. Ausbeuterischen Kapitalismus kann es nur dann geben, wenn gutes Leben mit Immer-mehr-Haben gleichgesetzt, wenn Reichtum auf materiellen Reichtum verkürzt wird, wenn die Seele zu einer instrumentellen Seele verkümmert, die Menschen sowie die Natur zu vernutzbaren Objekten macht.

Im vorherrschenden Bild vom guten Leben spiegelt sich zugleich immer auch die vorherrschende Religion – Religion verstanden als die Rückbindung des Handelns an eine Metaphysik, an die Antworten auf die Sinn-Fragen des *Woher, Wohin, Wozu*. Ob wir wollen oder nicht: Alltagspolitik und staatliche Politik werden in ihrem Inhalt und in ihrer Form immer von Religion bestimmt, Politik ist immer eingebettet in einen metaphysischen Denk-Raum. Von allen Determinanten des Politischen, die mir auf meiner Denk-Reise begegnet sind (Kapitalverhältnis, Naturverhältnis, Geschlechterverhältnis, Normalitätskulturen), scheinen mir heute diese Metaphysiken und die damit verbundenen Denk-Räume und Sinn-Kulturen die grundlegendsten Bestimmungsfaktoren von Politik auf allen gesellschaftlichen Ebenen und in allen Bereichen zu sein. Sie sind die – meist unbewusste – Basis, auf der sich dann der ganze institutionelle Überbau entwickelt, sie bilden den selektiven Rahmen, der vermeintlich passende Denk-Muster auswählt und zur Geltung kommen lässt. Das dualistische Denken René DESCARTES' und in seiner Folge die dualistischen Ansätze politischer Philosophie verbunden mit einer massiven Abwertung des Lebendigen konnten im Westen nur von so großer Bedeutung werden, weil sie auf den fruchtbaren Boden der dualistisch-theistischen Metaphysik des Judentums bzw. Christentums fielen.

Fragmentierende Seele

Die dualistisch-mechanistische Metaphysik entspringt einer fragmentierenden Seele – Seele verstanden als Beziehungsmuster zur lebendigen, dinglichen und inneren Welt, als Beziehungsmuster zu den menschlichen und nicht-menschlichen Mit-Wesen, zum SELBST und zum SEIN. Die fragmentierende Seele spaltet das Kontinuum des Lebendigen – das Netzwerk des SEINS – auf, zerlegt es in kleine Departemente. Sie unterscheidet messerscharf zwischen Subjekt und Objekt, sie stellt den Menschen der als leblos gedachten Natur ebenso gegenüber wie einen (Macher-)Gott der Welt. Die fragmentierende Seele sondert sich vom Ganzen ab.[234] Gesellschaft wird verstanden als die Summe individualisierter, ich-bezogener und atomisierter menschlicher Monaden; Politik, Staat und Gesellschaft werden als abgetrennte Bereiche gedacht. Religiosität, Spiritualität und politisches Handeln sind aufgespalten, Ziel und Mittel werden nicht aufeinander bezogen, die Zeit wird aufgetrennt, alles wird auf ein Morgen ausgerichtet, die Gegenwart geht einer fragmentierenden Seele verloren und sie fürchtet von daher den Tod, sie trennt das Sterben vom Leben. ICH und SELBST fallen auseinander, die Form wird zum alleinigen Inhalt, das Äußere zum ausschließlichen Wertmaßstab. Das Leben wird – in den Worten Martin BUBERS – zu einem Leben aus dem Schein.[235]

Aus einer fragmentierenden Seele entspringt ein fragmentierender Geist, ein fragmentierendes Denken. Es dürfte mehr als deutlich geworden sein, dass die fragmentierende Seele und mit ihr die dualistisch-mechanistische Denk- und Politikkultur, die der westliche Imperialismus und das christliche Sendungsbewusstsein – bisweilen gewaltsam – in fast alle Teil der Welt exportiert und mithilfe willfähriger Kollaborateure vor Ort verankert hat, die Erde zerstört. Sie zerstört aber auch den Menschen, sie kann ihm als Sinn suchendem Wesen nur „falsche Götter"[236] anbieten. Um die verloren gegangene Rückbindung an das ganze SEIN, an das Ganz-Sein, zu kompensieren, um zudem ein Mindestmaß an gesellschaftlichem Zusammenhalt zu bewahren, müssen dann Schein-Verbundenheiten hergestellt werden: die Nation, die Volksgemeinschaft, das von Gott auserwählte Volk, die wahren Gläubigen, etc. Schein-Verbundenheiten benötigen immer einen Anderen, gegen den sie sich abgrenzen können, sie bauen auf der Abwertung dieses Anderen auf. Die Schein-Verbundenheiten der fragmentierenden Seele besitzen somit immer zugleich die Tendenz zur Homogenisierung, zur Gleichmacherei, niemals aber zur Förderung wahrer Individualität im Sinne einer Gleichwertigkeit von Unterschiedlichkeit. Solche Schein-Verbundenheiten finden sich heutzutage zuhauf in den sogenannten sozialen Medien, in Blogs und Foren, in gruppenspezifischen Moden oder Idolen. Die letzte falsche Verbundenheit ist dann der Krieg, das gemeinschaftlich organisierte gewalttätige Vorgehen gegen einen vermeintlichen Feind.[237]

Die Fragmentierung des SEINs aufheben

Diese *falschen Götter* können nur überwunden, eine durchgängige Care-Orientierung auf allen Ebenen politischen Handelns nur etabliert werden von einer Seele, die sich als eine ganzheitliche, mit allem in Verbundenheit denkt und dank Achtsamkeitspraxis auch in Verbundenheit – als *Interbeing* – fühlen kann; die Politik, Gesellschaft und Individuum ebenso als verwoben begreift wie Politik und Spiritualität, die das Große im Kleinen erkennt und sich der Macht des Moments bewusst ist; die sich im alltäglichen Leben an das All-Eins-SEIN, das Ganze, die Ordnungsprinzipien des Dao bzw. von GAIA – Verwobenheit, Prozesshaftigkeit und Ausgleich – rückbindet, die aus dieser Rückbindung intuitiv und kontextsensibel in weisem Eigennutz handelt, jedem Macher-Wahn entsagt und niemals verlernt, über die Welt zu staunen, die sich einen offenen, freien und fließenden Geist bewahrt. Eine ganzheitliche Seele, die sich der Illusion der Kontrolle bewusst ist und von daher mit der Unsicherheit des SEINs umzugehen weiß, die bereit ist, die Unbestimmtheit und Unplanbarkeit des SEINs – zu der letztendlich auch unser Tod gehört – anzunehmen:

> *Wer die Bedingungen des Lebens versteht, wird nicht versuchen, etwas zu verrichten, was im Leben nicht zu verrichten ist [...] Wenn das Leben kommt, können wir uns ihm nicht verweigern; wenn das Leben geht, können wir es nicht festhalten*[238]

Nicht die Ausklammerung, sondern die bewusste Annahme der Unsicherheit des SEINs führt zu einem guten Leben, zu einem Leben, das sich nicht mehr mit Dingen oder Dogmen, mit vermeintlich großen Werken oder Waffen als Verteidigungswall gegen das Fließen des SEINs wappnen muss – zu einem Leben, das im Dao mitschwingt, zu einem Leben der Freude, Stille und Lebendigkeit.

LITERATURHINWEISE – LITERATUREMPFEHLUNGEN

 Sofern möglich, habe ich die deutsche Ausgabe eines Buches ange-führt. Bei den angegebenen Büchern handelt es sich um grundlegende Werke zum jeweiligen Kapitel. Auf aktuelle wissenschaftliche Studien wird jeweils in den Endnoten verwiesen. Wenn die englischen Titel zuerst stehen und die deutschen in eckiger Klammer, schlage ich vor, dass man zum englischen Original greifen sollte.

EINLEITUNG

Comte, Auguste (1974): Die Soziologie. Die positive Philosophie im Auszug, Stuttgart: Alfred Kröner

Keller, Evelyn Fox (1986): Liebe, Macht und Erkenntnis. Männliche oder weibliche Wissenschaft?, München: Hanser

Korsch, Karl (1970/1935): Warum ich Marxist bin, in: Wolfgang Dreßen (Hg.): Gegen den Dogmatismus der Arbeiterbewegung. Sozialistisches Jahrbuch 2, Berlin: Wagenbach, S. 7–17

Merchant, Carolyn (1987): Der Tod der Natur. Ökologie, Frauen und neuzeitliche Wissenschaft, München: Beck

Rescher, Nicholas (2000): Process Philosophy. A Survey of Basic Issues, Pittsburgh: University of Pittsburgh Press

Singer, Peter (1999): A Darwinian Left. Politics, Evolution and Cooperation, New Haven/London: Yale University Press

DARWIN – ODER: DER MENSCH ALS POLITISCHES LEBEWESEN

Blank, Robert A./Hines, Samuel M. jr. (2001): Biology and Political Science, London/New York: Routledge

Buskes, Chris (2008): Evolutionär denken. Darwins Einfluss auf unser Weltbild, Darmstadt: Primus

Darwin, Charles (2002/(^{6}1872): Über die Entstehung der Arten durch natürliche Zuchtwahl, oder die Erhaltung der begünstigsten Rassen im Kampfe um's Dasein, Köln: Parkland

Darwin, Charles (2008): Mein Leben, Frankfurt am Main/Leipzig: Insel

de Waal, Frans (2002): Der Affe und der Sushimeister. Das kulturelle Leben der Tiere, München/Wien: Carl Hanser

Holland, John H. (2000): Emergence. Form Chaos to Order, Oxford/New York: Oxford University Press

Küster, Hansjörg (2005): Das ist Ökologie. Die biologischen Grundlagen unserer Existenz, München: Beck

Lovelock, James (1991): Das Gaia-Prinzip. Die Biographie unseres Planeten, Zürich/München: Artemis

Margulis, Lynn (1999): Die andere Evolution, Heidelberg/Berlin: Spektrum Akademischer Verlag

Margulis, Lynn/Sagan, Dorion (1999): Leben. Vom Ursprung zur Vielfalt, Heidelberg/Berlin: Spektrum Akademischer Verlag

Mayr, Ernst (^{2}2003): Das ist Evolution, München: C. Bertelsmann

Sommer, Volker (2007): Darwinisch denken. Horizonte der Evolutionsbiologie, Stuttgart: Hirzel

Vandermassen, Griet (2005): Who's afraid of Charles Darwin. Debating Feminism and Evolutionary Theory, Lanham: Rowman & Littlefield

Wilson, Edward, O. (2000): Darwins Würfel, München: Claasen

Wuketits, Franz M. (2002): Was ist Soziobiologie?, München: Beck

DER SCHMETTERLING – ODER: WARUM POLITIK SO IST WIE SIE IST

Briggs, John; Peat, F. David (^{7}2001): Die Entdeckung des Chaos. Eine Reise durch die Chaos-Theorie, München: dtv

Capra, Fritjof (1997): Das Tao der Physik. Die Konvergenz von westlicher Wissenschaft und östlicher Philosophie, München: Knauer

Capra, Fritjof/Davies, Paul/Lovelock, James/Sheldrake, Rupert (2001): Der wissende Kosmos. Die Entdeckung eines neuen Weltbildes, Freiburg/Basel/Wien: Herder

Cramer, Friedrich (1993): Chaos und Ordnung – Die komplexe Struktur des Lebendigen, Frankfurt am Main/Leipzig: Insel Taschenbuch

Edelman, Murray (^{3}2005): Politik als Ritual. Die symbolische Funktion staatlicher Institutionen und politischen Handelns, Frankfurt am Main/New York: Campus

Ekeland, Ivar (2000): Chaos, Bergisch-Gladbach: BLT

Gladwell, Malcolm (^{2}2002): Der Tipping Point. Wie kleine Dinge Großes bewirken können, München: Goldmann

Görnitz, Thomas (1999): Quanten sind anders. Die verborgene Einheit der Welt, Heidelberg/Berlin: Spektrum Akademischer Verlag

Gribbin, John (2004): Auf der Suche nach Schrödingers Katze. Quantenphysik und Wirklichkeit, Frankfurt am Main: Fischer Taschenbuch

Gumin, Heinz/Meier, Heinrich (Hg.) (^{8}2005): Einführung in den Konstruktivismus, Veröffentlichungen der Carl Friedrich von Siemens Stiftung, Band 5, München: Piper

Haken, Hermann (2004): Die Selbstorganisation komplexer Systeme – Ergebnisse aus der Werkstatt der Chaostheorie, Wien: Picus

Kinnebrock, Werner (^{2}2002): Bedeutende Theorien des 20. Jahrhunderts. Ein Vorstoß zu den Grenzen von Berechenbarkeit und Erkenntnis, München/Wien: Oldenbourg

Lorenz, Edward N. (1995): The Essence of Chaos, Seattle: University of Washington Press

Mainzer, Klaus (2008): Komplexität, Paderborn: Wilhelm Fink

Merchant, Carolyn (2004): Reinventing Eden. The Fate of Nature in Western Culture, New York/London: Routledge

Mlodinow, Leonard (2009): Wenn Gott würfelt oder Wie der Zufall unser Leben bestimmt, Reinbek bei Hamburg: Rowohlt

Prigogine, Ilya (1998): Die Gesetze des Chaos, Frankfurt am Main: Insel Taschenbuch

Zeilinger, Anton (2003): Einsteins Schleier. Die neue Welt der Quantenphysik, München: Beck

Zohar, Danah (2000): Am Rande des Chaos. Neues Denken für chaotische Zeiten, St. Gallen/Zürich/New York: Midas Management

LAOTSE – ODER:
WIE POLITIK BESSER WERDEN KANN

Religion, Religiosität, Metaphysik

Bahm, Archie J. (1977): Comparative Philosophy. Western, Indian and Chinese Philosophy Compared, Albuquerque: World Books

Einstein, Albert (^{27}2001): Mein Weltbild, München: Ullstein

Harris, Sam (2007): Das Ende des Glaubens: Religion, Terror und das Licht der Vernunft, Winterthur: Edition Spuren

Hasenfratz, Hans-Peter (2002): Religion – was ist das? Lebensorientierung und andere Wirklichkeit, Freiburg/Basel/Wien: Herder

Hendrich, Geert (^{2}2011): Arabisch-Islamische Philosophie. Geschichte und Gegenwart, Frankfurt am Main: Campus

Panikkar, Raimon (^{3}2000): Das Göttliche in Allem. Der Kern spiritueller Erfahrung, Freiburg/Basel/Wien: Herder

Schein, Edgar H. (2003): Organisationskultur, Bergisch Gladbach: Edition Humanistische Psychologie

Voegelin, Eric (^{3}2007): Die politischen Religionen, München: Wilhelm Fink [Erstmalig erschienen im Jahr 1938]

Whitehead, Alfred North (1990/1926): Wie entsteht Religion?, Frankfurt am Main: Suhrkamp

TAO-TE-KING (DAU-DE-DSCHING)

Chen, Ellen M. (Hg.) (1989): The Tao Te King, A New Translation with Commentary, St. Paul: Paragon House
[eine sehr anregende Übersetzung mit einem ausgezeichneten Kommentar, nur auf Englisch erhältlich; PD]

Lao Tse: Tao-Te-King, Neu ins Deutsche übertragen von Hans Knospe und Odette Brändli, Zürich: Diogenes, 1985

Laotse (1999): Tao Te King. Das Buch vom Weg und Leben. Aus dem Chinesischen übersetzt und mit einem Kommentar versehen von Richard Wilhelm, Bergisch Gladbach: Bastei Lübbe
[erstmals erschienen 1911; PD]

Laudse (1985): Daudesching, Aus dem Chinesischen übersetzt und herausgegeben von Ernst Schwarz, Leipzig: Philipp Reclam jun.

Lao Tzu (2007): Tao Te Ching, Translated by Stephen Addiss and Stanley Lombardo, Boston/London: Shambala [Dies ist in meinen Augen die beste Übersetzung des Tao-Te-King, allerdings ist sie nur auf Englisch verfügbar; PD.]

Wing, R. L. (1999): Der Weg und die Kraft. Tao-te-king. Aus dem Amerikanischen übersetzt von Peter Kobbe, Augsburg: Weltbild [Hier wird der Versuch unternommen, die Verse des Laotse im Lichte von Quantenphysik und Chaostheorie naturwissenschaftlich zu interpretieren; PD.]

Yutang, Lin ([15]2000) (Hg.): Die Weisheit des Laotse, Frankfurt am Main: Fischer [enthält eine Übersetzung des Tao-Te-King und zu jedem Vers des Tao-Te-King ausgewählte Stellen aus dem Zhuangzi; PD]

ZHUANGZI

Zhuangzi (2008): Das Buch der Spontaneität. Über den Nutzen der Nutzlosigkeit und die Kultur der Langsamkeit, Herausgegeben und aus dem Chinesischen ins Englische übertragen von Victor H. Mair. Aus dem Englischen übersetzt von Stephan Schuhmacher, Aitrang: Windpferd Verlagsgesellschaft, 2008

Dschuang Dsi (1969): Das wahre Buch vom südlichen Blütenland. Aus dem Chinesischen übertragen und erläutert von Richard Wilhelm, Kreuzlingen/München: Hugendubel, [erstmals erschienen im Jahr 1912; PD]

Watson, Burton (Hg.) (2013): The Complete Works of Zhuangzi, Translated by Burton Watson, New York: Columbia University Press

WEITERE DAOISTISCHE TEXTE

Liä Dsi (2009): Das wahre Buch vom quellenden Urgrund. Die Lehren der Philosophen Liä Yü Kou und Yang Dschu. Aus dem Chinesischen übertragen von Richard Wilhelm, Mit einem Vorwort von Hans van Ess in: Diederichs Gelbe Reihe, München: Diederichs

Innere Übung (Neiye) – Das Dao als Quelle (Yuandao) (2014), aus dem Chinesischen übersetzt von Martin Bödicker, Willich: Verlag Bödicker [In diesem Buch ist auch das erste Kapitel des Huainanzi enthalten, das in vollem Umfang nicht in deutscher Sprache vorhanden ist; PD.]

Roth, Harold David (1999): Original Tao: Inward Training (Nei-Yeh) and the Foundations of Taoist Mysticism, New York: Columbia University Press

Major, John S./Queen, Sarah A./Meyer, Andrew Seth/Roth, Harold D. (Hg.) (2012): The Essential Huainanzi, Liu An, King of Huainan, New York: Columbia University Press

TEXTE DES KONFUZIANISMUS

Kubin, Wolfgang (Hg.) (2014): Das große Lernen. Maß und Mitte. Der Klassiker der Pietät, Freiburg/Basel/Wien: Herder

Kungfutse (1990): Gespräche Lun Yü. Aus dem Chinesischen übertragen und herausgegeben von Richard Wilhelm, München: Eugen Diederichs

Mong Dsi [Menzius] (1982): Die Lehrgespräche des Meisters Meng K'o. Aus dem Chinesischen übertragen und erläutert von Richard Wilhelm, Köln: Eugen Diederichs

Yutang, Lin (Hg.) (1957): Konfuzius, Frankfurt a. Main/Hamburg: Fischer

ZUR ASIATISCHEN/DAOISTISCHEN PHILOSOPHIE

Bauer, Wolfgang (2001): Geschichte der chinesischen Philosophie. Konfuzianismus, Daoismus, Buddhismus, München: Beck

Bloch, Ernst (1973): Frohbotschaft des irdisch-himmlischen Gleichgewichts und des unscheinbaren Welttakts (Tao): Konfuzius, Laotse, in: Ders.: Das Prinzip Hoffnung. Dritter Band, Frankfurt am Main: Suhrkamp, S. 1438–1450

Capra, Fritjof (1997): Das Tao der Physik. Die Konvergenz von westlicher Wissenschaft und östlicher Philosophie, München: Knauer

Chen, Ellen M. (2011): In Praise of Nothing. An Exploration of Daoist Fundamental Ontology, Bloomington: Xlibris

Cheng, Francois (2008): Fünf Meditationen über die Schönheit, München: Beck

de Miribel, Jean/de Vandermeersch, Léon (2001): Chinesische Philosophie, Bergisch Gladbach: Bastei Lübbe

Hesse, Hermann (2009): China. Die Weisheit des Ostens. Frankfurt am Main: Suhrkamp Taschenbuch

Jaspers, Karl (1957): Lao-Tse, Nagarjuna – Zwei asiatische Metaphysiker, München: Piper

Jullien, Francoise (2002): Der Umweg über China. Ein Ortswechsel des Denkens, Berlin: Merve

Linck, Gudula ([2]2001): Yin und Yang. Die Suche nach Ganzheit im chinesischen Denken, München: Beck

Loy, David (1988): Nondualität. Über die Natur der Wirklichkeit, Frankfurt am Main: Manfred Krüger

McLeod, Alexus (2014): Understanding Asian Philosophy: Ethics in the Analects, Zhuangzi, Dhammapada and the Bhagavad Gita, London/New Delhi/New York/Sidney: Bloomsbury Publishing

Okakura, Kakuzo (2002): Das Buch vom Tee, Frankfurt am Main/Leipzig: Insel [erstmals erschienen im Jahr 1906; PD]

Pas, Julian F. (Hg.) (2001): Taoismus, Freiburg im Brsg.: Hermann Bauer

Thesing, Josef/Awe Thomas (Hg.) (1999): Dao in China und im Westen, Bonn: Bouvier

Walf, Knut (1989): TAO für den Westen. Eine Hinführung, München: Kösel

Watts, Alan (2003): Das Tao der Philosophie, Berlin: Theseus

Watts, Alan (2003): Der Lauf des Wassers. Die Weisheit des Taoismus, Leipzig: Insel

BUDDHA/BUDDHISMUS/HINDUISMUS

Batchelor, Stephen ([8]2002): Buddhismus für Ungläubige, Frankfurt am Main: Fischer Taschenbuch

Buddha (1997): Das hab ich gehört. Lehrreden des Buddha, Bergisch Gladbach: Honos

Buddhadasa, Bhikkhu (1997): Mindfulness with Breathing. A Manual for Serious Beginners, Boston: Wisdom Publishing

Cook, Francis H. (1977): Hua-yen Buddhism. The Jewel Net of Indra, University Park/London: The Pennsylvania State University Press

Dalai Lama ([9]2010): Das Buch der Menschlichkeit. Eine neue Ethik für unsere Zeit, Köln: Bastei Lübbe

Easwaran, Eknath (Hg.) (2008): Die Upanischaden, München: Goldmann

Ellyard, Lawrence (2009): Buddha für das tägliche Leben. Das Dhammapada in zeitgemäßer Übersetzung, Freiamt im Schwarzwald: Arbor

Gandhi, Mahatma (2006): Was ist Hinduismus?, Frankfurt am Main/Leipzig: Insel

Loy, David (2003): The Great Awakening: A Buddhist Social Theory, Somerville: Wisdom Publications

Nagarjuna (2011): Verse aus der Mitte, hg. von Stephen Batchelor, Berlin: edition steinrich

Oldenberg, Herrmann (Hg.) (2008): Buddha. Die großen Reden,
   Köln: Anaconda

Patanjali (^{3}2006): Das Yoga-Sutra des Patanjali. Eine Einführung,
   Petersberg: Via Nova

Suzuki, Daisetz Teitaro (2009): Das Innerste erfahren – Wesen und Sinn des
   Buddhismus, Freiburg im Brsg.: Herder

ACHTSAMKEIT UND POLITIK

Systemisch Denken

Arendt, Hannah (^{13}1998): Macht und Gewalt, München: Piper

Autry, James A./Mitchell Stephen (1999): Die Illusion der Kontrolle: Das
   Tao-Te-King für Führungskräfte, Bern: Fischer Media AG

Bertalanffy, Ludwig von (1969): General System Theory. Foundations,
   Development, Applications, New York: George Braziller

Bohm, David (1980): Wholness and the Implicate Order,
   New York/London: Routledge [deutsche Ausgabe: Die implizite Ordnung: Grundlagen eines dynamischen Holismus, München: Goldmann,
   1987]

Capra, Fritjof (1996): Lebensnetz. Ein neues Verständnis der lebendigen
   Welt, Bern/München/Wien: Scherz

Dittes, Frank-Michael (2012): Komplexität. Warum die Bahn nie pünktlich
   ist, Berlin/Heidelberg: Springer

Easwaran, Eknath (1998): Wer sich ändert, ändert die Welt,
   Bern/München/Wien: Integral

Elias, Norbert (^{10}2004): Was ist Soziologie?, Weinheim/München: Juventa

Feyerabend, Paul (1986): Wider den Methodenzwang,
   Frankfurt am Main: Suhrkamp

Galtung, Johan (1998): Frieden mit friedlichen Mitteln. Friede und Konflikt,
   Entwicklung und Kultur, Opladen: Leske und Budrich

Gandhi, Mahatma (2014): Gewaltfreiheit: Auszüge aus Reden und Schriften,
   hrsg. von Gila Dharampal-Frick, Stuttgart: Reclam

Georgescu-Roegen, Nicholas (1971): The entropy Law and the Economic
   Process, New York: Harvard University Press

Gould, Stephen Jay (1999): Illusion Fortschritt. Die vielfältigen Wege der
   Evolution, Frankfurt am Main: Fischer Taschenbuch

Harding, Stephan (2006): Animate Earth. Science, Intuition and Gaia,
   Foxhole: Green Books

Luhmann, Niklas (^{3}2003): Macht, Stuttgart: Lucius & Lucius

Meadows, Donella H. (2008): Thinking in Systems. A Primer,
   White River Junction: Chelsea Green Publishing [deutsche Ausgabe: Die
   Grenzen des Denkens: wie wir sie mit System erkennen und überwinden
   können, München: Ökom].

Mitchell, Sandra (2008): Komplexitäten. Warum wir erst anfangen, die Welt zu verstehen, Frankfurt am Main: Suhrkamp

Russell, Bertrand (2001): Macht, Zürich: Europa Verlag

Thich Nhat Hanh (2011): Innerer Friede – Äußerer Friede, München: Knaur

Thiele, Leslie Paul (2011): Indra's Net and the Midas Touch. Living Sustainably in a Connected World, Cambridge/Mass.: MIT Press

Vester, Frederic ([11]2002): Unsere Welt – ein vernetztes System, München: dtv

Whitehead, Alfred North (1987/1929): Prozess und Realität. Entwurf einer Kosmologie, Frankfurt am Main: Suhrkamp

Dialogisch Kommunizieren

Bohm, David ([3]2002): Der Dialog. Das offene Gespräch am Ende der Diskussionen, Stuttgart: Klett-Cotta

Buber, Martin ([9]2002/1953): Elemente des Zwischenmenschlichen, in: Ders.: Das dialogische Prinzip, Gütersloh: Gütersloher Verlagshaus, S. 269–298

Chaplin, Charles (1993): Die Schlussrede aus dem Film „Der große Diktator" (1940), Hamburg: Europäische Verlagsanstalt

Cohn, Ruth C. ([15]2004): Von der Psychoanalyse zur themenzentrierten Interaktion. Von der Behandlung einzelner zu einer Pädagogik für alle, Stuttgart: Klett-Cotta

Fisher, Roger/Ury, William/Patton, Bruce ([22]2004): Das Harvard Konzept. Der Klassiker der Verhandlungstechnik, Frankfurt am Main: Campus

Isaacs, William (2002): Dialog als Kunst gemeinsam zu denken. Die neue Kommunikationskultur in Organisationen, Bergisch-Gladbach: Edition Humanistische Psychologie

Maturana, Humberto R./Pörksen, Bernhard (2002): Von Sein zum Tun. Die Ursprünge der Biologie des Erkennens, Heidelberg: Carl Auer

Rosenberg, Marshall B. (2004): Gewaltfreie Kommunikation. Eine Sprache des Lebens, Paderborn: Junfermann

Satir, Virginia ([7]2004): Kommunikation – Selbstwert – Kongruenz. Konzepte und Perspektiven familientherapeutischer Praxis, Paderborn: Junfermann

Sennett, Richard (2002): Respekt im Zeitalter der Ungleichheit, Berlin: Berlin Verlag

Thomas, R. Roosevelt (2001): Management of Diversity. Neue Personalstrategien für Unternehmen. Wie passen Giraffe und Elefant in ein Haus?, Wiesbaden: Gabler

Watzlawick, Paul ([3]2007): Vom Unsinn des Sinns oder Vom Sinn des Unsinns, München: Piper

Watzlawick, Paul/Beavin, Janet H./Jackson, Don D. ([10]2000): Menschliche Kommunikation. Formen, Störungen, Paradoxien, Bern: Hans Huber

Achtsam Handeln (Achtsamkeitspraxis/ZEN/Zuowang/Spiritualität)

Al-Khalili, Jim/MaFadden, Johnjoe (2015): Der Quantenbeat des Lebens. Wie die Quantenbiologie die Welt neu erklärt, Berlin: Ullstein

Aspelmeyer, Markus/Arndt, Markus (2012): Schrödingers Katze auf dem Prüfstand, in: Spektrum der Wissenschaft, 10/Oktober, S. 44–54

Bancroft, Anne (1991): The Spiritual Journey, Shaftebury/Boston/Melbourne: Element

Batchelor, Martine (2003): Meditation, Freiburg im Brsg.: Arbor

Cleary, Thomas (Hg.) (2012): Die Drei Schätze des Dao. Über Harmonie von Körper, Geist und Seele, Berlin: edition steinrich

Dürr, Hans-Peter (2012): Es gibt keine Materie! Revolutionäre Gedanken über Physik und Mystik, Amerang: Crotona

Dürr, Hans-Peter/Panikkar, Raimon (2008): Liebe- Urquelle des Kosmos. Ein Gespräch über Naturwissenschaft und Religion, Freiburg/Basel/Wien: Herder

Easwaran, Eknath (2012): Die Bhagavad Gita, München: Goldmann

Grigg, Ray (1994): The TAO of ZEN, Boston/Rutland/Tokyo: Charles E. Tuttle

Kabat-Zinn, Jon (^{7}2009): Gesund durch Meditation. Das große Buch der Selbstheilung, Frankfurt am Main: Fischer Taschenbuch

Kabat-Zinn, Jon (2007): Im Alltag Ruhe finden. Meditationen für ein gelassenes Leben, Frankfurt am Main: Fischer Taschenbuch

Kohn, Livia (2010): Sitting in Oblivion. The Heart of Daoist Meditation, Dunedin: Three Pines Press

Krishnamurti, Jiddu (2005): Das Wesentliche ist einfach. Antworten auf Fragen des Lebens, Freiburg/Basel/Wien: Herder

Langer, Ellen J. (1989): Mindfulness, Cambridge/**Massachusetts**: Da Capo Press

Linji (2015): Das Denken ist wie ein wilder Affe. Die Lehren des großen Zen-Meisters, München: O.W. Barth

McLeod, Melvin (Hg.) (2006): Mindful Politics: a Buddhist guide to making the world a better place, Sommerville **Massachusetts**: Wisdom Publications

Ott, Ulrich (2010): Meditation für Skeptiker. Ein Neurowissenschaftler erklärt den Weg zum Selbst, München: O.W. Barth

Ricard, Matthieu (^{2}2009): Meditation, München: Nymphenburger

Schmidt-Glintzer, Hellwig (Hg.) (2007): Lektionen der Stille. Klassische Zen-Texte, München: Beck

Schuhmacher, Stephan (^{3}2011): ZEN, München: Diederichs

Sekida, Katsuki (^{10}2015): Zen-Training. Praxis, Methoden, Hintergründe, Freiburg/Basel/Wien: Herder

Singer, Wolf/Ricard, Matthieu (2008): Hirnforschung und Meditation. Ein Dialog, Frankfurt am Main: Suhrkamp

Solomon, Robert C. (2002): Spirituality for the Skeptic. The Thoughtful Love of Life, Oxford: Oxford University Press

Strogatz, Steven (2004): Synchron. Vom rätselhaften Rhythmus der Natur, Berlin: Berlin Verlag

Suzuki, Daisetz Teitaro (2005): Die große Befreiung. Einführung in den Zen-Buddhismus, Frankfurt am Main: O.W. Barth

Suzuki, Shunryu (2009): Zen-Geist. Anfänger-Geist. Unterweisung in Zen-Meditation, Freiburg/Basel/Wien: Herder

Thich Nhat Hanh (2004): Jeden Augenblick genießen. Übungen zur Achtsamkeit, Berlin: Theseus

Uchiyama, Kosho (2008): Das Leben meistern durch Zazen, Frankfurt am Main: Angkor

Victoria, Brain (Daizen) A. (1999): Zen, Nationalismus und Krieg. Eine unheimliche Allianz, Berlin: Theseus

Watts, Alan (2008/1954): Vom Geist des Zen, Frankfurt am Main/Leipzig: Insel

Weizsäcker, Carl Friedrich von ([3]1977): Gespräch über Meditation (mit Udo Reiter), in: Ders.: Der Garten des Menschlichen. Beiträge zur geschichtlichen Anthropologie, München/Wien: Hanser, S. 533–550

Yingning, Chen/Weiqiao, Jiang (2012): Quiet Sitting. The Daoist Approach for a Healthy Mind and Body, New York: Better Link Press

LIEBE DEINEN NÄCHSTEN WIE DICH SELBST – WEISER EIGENNUTZ

Bahm, Archie J. (1984): Ethics: The Science of Oughtness. Abbreviated Edition: Albuquerque/New Mexico, World Books

Brecht, Bertold ([3]1981/1955): Der gute Mensch von Sezuan, in: Ders.: Stücke II, Berlin/Weimar: Aufbau, S.105–229

Bucher, Anton (2012): Geiz, Trägheit, Neid & Co. in Therapie und Seelsorge. Psychologie der 7 Todsünden, Heidelberg: Springer

Dalai Lama (2006): A New Approach to Global Problems, in: Melvin McLeod (Hg.): Mindful Politics: a Buddhist guide to making the world a better place, Sommerville Massachusetts: Wisdom Publications, S. 17–28

Ehei Dogen [Dogen Zenji] ([4]2011): Unterweisungen zum wahren Buddha-Weg. Shobogenzo Zuimonki, Heidelberg: Werner Kristkeitz

Fromm, Erich ([12]1982): Haben oder Sein. Die seelischen Grundlagen einer neuen Gesellschaft, München: dtv

Hesse, Hermann (1970): Politische Betrachtungen, Frankfurt am Main: Suhrkamp

Kant, Immanuel (2012/1785): Grundlegung zur Metaphysik der Sitten, Stuttgart: Reclam

Ostrom, Elinor (2011): Was mehr wird, wenn wir teilen. Vom gesellschaftlichen Wert der Gemeingüter, München: oekom

Singer, Peter ([4]2004): Wie wollen wir leben? Ethik in einer egoistischen Zeit, München: dtv

Singer, Peter/Mason, Jim (2006): The Ethics of What We Eat. Why our food choices matter, Emmaus: Rodale

Smith, Adam ([3]1983): Der Wohlstand der Nationen. Eine Untersuchung seiner Natur und seiner Ursachen, München: dtv

Stearns, Peter N. ([2]2006): Consumerism in World History. The Global Transformation of Desire, New York: Routledge

Thich Nhat Hanh ([3]1998): Interbeing. Fourteen Guidelines for Engaged Buddhism, Parallax Press: Berkely

Wilkinson, Richard/Pickett, Kate (2010): Gleichheit ist Glück. Warum gerechte Gesellschaften für alle besser sind, Frankfurt am Main: Zweitausendeins

FREUDE, STILLE, LEBENDIGKEIT – DAS GUTE LEBEN

Freude/Glück/Sinn

Beck, Charlotte Joko (1996): Zen, München: Knaur

Davis, Bruce (2006): Freude. Der Weg des Herzens, München: Kösel

Epikur (1988): Philosophie der Freude. Briefe, Hauptlehrsätze, Spruchsammlung, Fragmente, Frankfurt am Main/Leipzig: Insel

Frankl, Viktor E. ([19]2006): Der Mensch vor der Frage nach dem Sinn. Eine Auswahl aus dem Gesamtwerk, München: Piper

Frankl, Viktor E. ([29]2008): ... und trotzdem ja zum Leben sagen. Ein Psychologe erlebt das Konzentrationslager, München: dtv

Gandhi, Mahatma ([9]1998): Wer den Weg der Wahrheit geht, stolpert nicht. Worte an einen Freund, München/Zürich/Wien: Verlag neue Stadt

Hong Yingming (2014): Gemüse Wurzel Gespräche: Über ein Leben in Balance, Willich: Verlag Bödicker

Lusseyran, Jacques (1982): Das wiedergefundene Licht, Berlin/Wien: Ullstein

Muso, Soseki (2005): Gespräche im Traum, Deutsch von Taro Yamada und Guido Keller, Große Zen-Meister Band 1, Frankfurt am Main: Angkor

Tagore, Rabindranath (2005): Gesammelte Werke. Lyrik, Prosa, Dramen, Düsseldorf/Zürich: Artemis und Winkler

Tao Yuanming (1985): Der Pfirsichblütenquell. Gesammelte Gedichte, Köln: Diederichs

Yutang, Lin (2004): Weisheit des lächelnden Lebens, Frankfurt am Main/Leipzig: Insel

Stille

Berendt, Joachim-Ernst (1994): Nada Brahma. Die Welt ist Klang,
    Reinbek bei Hamburg: Rowohlt Taschenbuch

Cleary, Thomas (Hg.) (2012): Die Drei Schätze des Dao. Über Harmonie von
    Körper, Geist und Seele, Berlin: edition steinrich

Dürckheim, Karlfried Graf von ([9]1986): Japan und die Kultur der Stille,
    Bern/München/Wien: O.W. Barth

Gandhi, Mahatma (2007): Aus der Stille kommt die Kraft des Friedens,
    Freiburg/Basel/Wien: Herder

Pot, Miek (2011): In der Stille hörst du dich selbst. Meine 12 Jahre in einem
    Schweigekloster, Köln: Bastei Lübbe

Storr, Anthony (1997): Solitude, London: Harper Collins

Thoreau, Henry David (1979): Walden oder Leben in den Wäldern,
    Zürich: Diogenes

Yoshida, Kenko (2003): Betrachtungen aus der Stille Tsurezuregusa,
    Frankfurt am Main/Leipzig: Insel

Yutang, Lin (Hg.) ([15]2000): Die Weisheit des Laotse,
    Frankfurt am Main: Fischer [Ab S. 131ff. finden sich die wesentlichen
    Textstellen aus dem Zhuangzi zu Tod und Sterben; PD.]

Zum Wert der Stille bieten sich auch das *Tao-Te-King*, das *Zhuangzi*,
das *Ney Yeh*, das *Liezi* sowie die Bücher zum *Zuowang* an.

LEBENDIGKEIT (SELBSTBESTIMMUNG/GENÜGSAMKEIT/ SELBSTBESTIMMT STERBEN)

Ahrends, Martin (2011): Ich will sterben dürfen, in: Der Tagesspiegel,
    11. September 2011, http://www.tagesspiegel.de/kultur/ich-will-sterben-
    duerfen /4594144.htm

Brosse, Jacques (2004): Magie der Pflanzen, Düsseldorf: Patmos

Brown, Edward Espe ([6]2011): Das Lächeln der Radieschen. Zen in der Kunst
    des Kochens, München: DTV

Easwaran, Eknath (2010): Die Essenz der Upanischaden. Was passiert,
    wenn ich sterbe?, München: Goldmann

Einstein, Albert ([27]2001): Mein Weltbild, München: Ullstein

Emerson, Ralph Waldo (1983): Selbstvertrauen, in: Harald Kiczka (Hg.):
    Ralph Waldo Emerson, Essays. Erste Reihe, Zürich: Diogenes, S. 39–74

Fromm, Erich ([6]2011): Vom Haben zum Sein. Wege und Irrwege der Selbst-
    erfahrung, Berlin: Ullstein

Fukuoka, Masanobu (2013): Der große Weg hat kein Tor. Nahrung-Anbau-
    Leben, Darmstadt: Pala

Gardner, Gary/Assadourian, Erik (2004): Das gute Leben neu denken, in:
Worldwatch Institute (Hg.): Zur Lage der Welt 2004. Die Welt des
Konsums, Münster: Westfälisches Dampfboot, S. 319–344

Hoffmann, Yoel (Hg.) (2013): Die Kunst des letzten Augenblicks.
Todesgedichte japanischer Zenmeister, Freiburg/Basel/Wien: Herder

Hume, David (2009): Über den Freitod, in: Ders.: Über den Freitod und andere
Essays. Ausgewählt und mit einem Nachwort versehen von Manfred
Kuhn, München: dtv/Beck, S. 7–23

Illich, Ivan (1979): Entmündigende Expertenherrschaft, in: Ders. u. a.:
Entmündigung durch Experten. Zur Kritik der Dienstleistungsberufe,
Reinbek bei Hamburg: Rowohlt Taschenbuch, S. 7–35

Jacquard, Albert (2002): Was wir wirklich wissen müssen,
um die Welt zu verstehen. Wissenschaft für Nicht-Wissenschaftler,
Hamburg: Rogner & Bernhard

Kant, Immanuel (2008/1784): Beantwortung der Frage: Was ist Aufklärung,
in: Ders.: Zum ewigen Frieden und andere Schriften, Frankfurt am Main:
Fischer Taschenbuch, S. 25–33

Krishnamurti, Jiddu ([28]2005): Einbruch in die Freiheit, Leutkirch: Lotos

Kumar, Satish (2007): Spiritual Compass. The Three Qualities of Life,
Foxhole: Greenbooks

Leopold, Aldo (1970/1949): A Sand County Almanac With Essays on Con-
servation From Round River, New York: Ballantine Books

Matsumoto, Keisuke (2015): Die Kunst des achtsamen Putzens. Wie wir
Haus und Seele reinigen, München: Goldmann

Marc Aurel (2011): Wege zu sich selbst, Berlin: Insel

Nearing, Helen (1996): Ein gutes Leben – ein würdiger Abschied.
Mein Leben mit Scott, Darmstadt: Pala

Panikkar, Raimon (2002): Einführung in die Weisheit,
Freiburg/Basel/Wien: Herder

Roscoe, Gerald (2010): Das gute Leben. Ein Wegweiser zum Buddhismus für
den Westen, Zürich: Diogenes

Satir, Virginia ([10]2009): Meine vielen Gesichter. Wer bin ich wirklich?,
München: Kösel

Sawaki, Kodo (2011): An Dich, Frankfurt am Main: Angkor

Schopenhauer, Arthur ([4]2009): Die Kunst, glücklich zu sein. Dargestellt in
fünfzig Lebensregeln. Herausgegeben von Franco Volpi, München: Beck

Schumacher, Ernst Friedrich (1985): Small is beautiful. Die Rückkehr zum
menschlichen Maß, Reinbeck bei Hamburg: rororo

Seneca (2007): Das Leben ist kurz! De brevitate vitae,
Stuttgart: Philipp Reclam

Seymour, John (1999): Vergessene Haushaltstechniken, Berlin: Urania

Suzuki, David (2007): The Sacred Balance. Rediscovering Our Place in Nature,
Vancouver: Greystone

Tagore, Rabindranath (2009): Persönlichkeit, Heidelberg: Werner Kristkeitz

Thoreau, Henry David (2004/1849): Über die Pflicht zum Ungehorsam gegen den Staat, Zürich: Diogenes

Thorp, Gary (2009): ZEN oder die Kunst, den Mond abzustauben, Freiburg/Basel/Wien: Herder

Zaugg, Katharina (²2004): Wellness beim Putzen. Übungs- und Lesebuch, Bern: hep-verlag

CARE – DIE FRAGMENTIERUNG DES SEINS AUFHEBEN

Bohm, David (³1986): Fragmentierung und Ganzheit, in: Hans-Peter Dürr (Hg.): Physik und Transzendenz, Bern/München/Wien: Scherz, S. 263–293

Dalai Lama (2015): Ethik ist wichtiger als Religion. Der Appell des Dalai Lama an die Welt, Wals bei Salzburg: Benvenuto

Dogen (2007): Tenzo Kyokun. Anweisungen für den Koch von Zen-Meister Dogen, in: Francois A. Viallet (Hg.): Zen für Küche und Leben. Kommentare zu Zen-Meister Dogens Tenzo Kyokun – Anweisungen für den Koch, Frankfurt am Main: Angkor, S. 11–31

Drenson, Alan/Devall, Bill (Hg.): Ecology of Wisdom. Writings of Arne Naess, Berkeley: Counterpoint

Easwaran, Eknath (1998): Wer sich ändert, ändert die Welt, Bern/München/Wien: Integral

Fromm, Erich (¹³2006): Die Furcht vor der Freiheit, München: dtv

Goodwin, Brian (2007): Nature's Due. Healing Our Fragmented Culture, Floris Books: Edinburgh,

Gruen, Arno (2006): Verratene Liebe – Falsche Götter, München: dtv

Irigaray, Luce (2005): Between East and West. From Singularity to Community, New Delhi: New Age Books

Jaspers, Karl (²⁸2010/1953): Einführung in die Philosophie, München/Zürich: Piper

Landauer, Gustav (1994): Durch Absonderung zur Gemeinschaft, in: gustav landauer: die botschaft der titanic, ausgewählte essays, Herausgegeben von Walter Fähnders und Hansgeorg Schmidt-Bergmann, http://www.kontextverlag.de/landauer.html

Loy, David (2003): The Great Awakening: A Buddhist Social Theory, Somerville: Wisdom Publications

McWeeny, Jennifer/Butnor Ashby (Hg.) (2014): Asian and Feminist Philosophies in Dialogue, New York: Columbia University Press

Reich, Wilhelm (¹⁸2013): Rede an den kleinen Mann, Frankfurt am Main: Fischer Taschenbuch

Warner, Jisho/Okumura, Shohaku/McRae, John/Leighton, Taigen Dan (Ed.) (2001): Nothing Is Hidden. Essays on Zen Master Dogen's Instructions for the Cook, New York/Tokio: Weatherhill

ANMERKUNGEN/
VERWEISE AUF ZITIERTE STELLEN

[1] Der Gier- und der Suchtbegriff sollten immer präzise unterschieden werden: Gier ist zunächst nichts anderes als ein intensives Verlangen nach etwas, wobei hinter dem starken Verlangen ein seelisches oder ein physiologisches Ungleichgewicht stehen kann – etwa die Gier nach etwas Süßem zur Anhebung des Blutzuckerspiegels oder nach Wasser, um starken Durst zu löschen. Gier ist sicherlich eine anthropologische Konstante, sie ist weder gut noch schlecht an sich, der Gegenstand der Gier entscheidet. Wird Gier zur Sucht, gibt es keinen Endpunkt des Verlangens mehr. Sucht ist im Gegensatz zu Gier immer zerstörerisch für das betroffene Individuum. Von diesen Begriffsklärungen ausgehend sollte Kapitalismus nicht als institutionalisierte Gier, sondern als institutionalisierte Sucht verstanden werden, denn das Prinzip der Profitmaximierung kennt keine Grenze: „Das Kapital hat einen horror [sic!; PD] vor Abwesenheit von Profit oder sehr kleinem Profit, wie die Natur vor der Leere. Mit entsprechendem Profit wird Kapital kühn. Zehn Prozent sicher, und man kann es überall anwenden; 20 Prozent, es wird lebhaft; 50 Prozent, positiv waghalsig; für 100 Prozent stampft es alle menschlichen Gesetze unter seinen Fuß; 300 Prozent, und es existiert kein Verbrechen, das es nicht riskiert, selbst auf Gefahr des Galgens. Wenn Tumult und Streit Profit bringen, wird es sie beide encouragieren. Beweis: Schmuggel und Sklavenhandel."
[J. Dunning, Trades' Unions and strikes: their philosophy and intention. London 1860, S. 35f. zit. nach: Marx, Karl (⁴1890): Das Kapital, Band 1, in: Marx-Engels-Werke (MEW), Herausgegeben vom Institut für Marxismus-Leninismus beim ZK der SED, Bd. 1–43, Berlin: Dietz-Verlag, 1956 ff., Band 23, S. 788].

[2] Wie schon Georg LUKACS im Jahr 1923 feststellte ist „Natur [...] eine gesellschaftliche Kategorie. D. h., was auf einer bestimmten Stufe der gesellschaftlichen Entwicklung als Natur gilt, wie die Beziehung dieser Natur zum Menschen beschaffen ist, und in welcher Form seine Auseinandersetzung mit ihr stattfindet, also was die Natur der Form und dem Inhalt, dem Umfang und der Gegenständlichkeit nach zu bedeuten hat, ist stets gesellschaftlich bedingt" [Lukacs, Georg (1983): Geschichte und Klassenbewußtsein. Studien über marxistische Dialektik, Darmstadt/Neuwied: Luchterhand, S. 372]. Vor diesem Hintergrund habe ich lange darüber nachgedacht, wie dieser normativ sehr stark aufgeladene Begriff *Natur* durch einen wertfreieren ersetzt werden kann. Einen solchen fand ich nach der Begegnung mit dem Schmetterling und in Anlehnung an Pierre BOURDIEUS Begriff des *sozialen Raums* [vgl. Bourdieu, Pierre (1985): Sozialer Raum und "Klassen". Lecon sur la lecon. Zwei Vorlesungen, Frankfurt am Main: Suhrkamp] im Begriff *bio-physika-*

lischer Raum, und so werde ich im Folgenden den Begriff *Natur* synonym mit diesem verwenden.

[3] Karl MARX an Ferdinand LASSALLE (16. Januar 1861), in: Marx-Engels-Werke (MEW), Herausgegeben vom Institut für Marxismus-Leninismus beim ZK der SED, Bd. 1–43, Berlin: Dietz-Verlag, 1956 ff., Band 30, S. 578.

[4] Aus diesem Grund stelle ich MARX heute neben HERAKLIT, Alfred North WHITEHEAD oder Henri BERGSON in die Reihe der sogenannten *Prozessphilosophen*. Prozessphilosophie gibt dem Prozess Vorrang gegenüber der Substanz, dem Werden gegenüber dem Sein [vgl. Rescher, Nicholas (2000): Process Philosophy. A Survey of Basic Issues, Pittsburgh: University of Pittsburgh Press]. Der Evolutionsbiologe Ernst MAYR verweist auf viele Gemeinsamkeiten in den Denk-Ansätzen des dialektischen Materialismus und der Evolutionsbiologie [Mayr, Ernst (1997): Roots of Dialectical Materialism, in: E. I. Kolcinskij (Red.): Na perelome. Sovjetskaja biologija v 20-30-godach, Vyp. 1, Sankt Petersburg, S. 12–18].

[5] Sehr erhellend ist hier immer wieder die Kritik Michail BAKUNINS an diesem Konzept aus dem Jahr 1871, die schon all diese Entwicklungen prophezeite: „Sie [die Kommunisten; PD] werden alle Regierungsgewalten in ihren starken Händen konzentrieren, weil die bloße Tatsache, daß die Massen unwissend sind, starke, besorgte Lenkung durch die Regierung notwendig macht." [Bakunin, Michail (1871): Sozialismus und Freiheit, https://www.marxists.org/deutsch/referenz/bakunin/1871/xx/freiheit.htm, Zugriff: 16.4.2015].

[6] Marx, Karl (1845): Thesen über Feuerbach, in: Marx-Engels-Werke (MEW), Herausgegeben vom Institut für Marxismus-Leninismus beim ZK der SED, Bd. 1–43, Berlin: Dietz-Verlag, 1956 ff., Band 3, S. 6

[7] Luhmann, Niklas (1987): Soziale Systeme. Grundriss einer allgemeinen Theorie, Frankfurt am Main: Suhrkamp, S. 346.

[8] Luhmann, Niklas (1998): Die Gesellschaft der Gesellschaft (2 Teilbände), Frankfurt am Main: Suhrkamp, S. 24.

[9] Einer der wenigen Soziologen, der Soziologie immer in diesem Sinne verstanden hat, war Norbert ELIAS: „Die Soziologie beschäftigt sich mit Menschen; deren Interdependenzen stehen im Mittelpunkt ihrer Arbeit." (Elias, Norbert ([10]2004): Was ist Soziologie?, Weinheim/München: Juventa, S. 105f.).

[10] Behrend, Hanna/Döge, Peter (2001): Nachhaltigkeit als Politische Ökologie. Eine Kontroverse über Natur, Technik und Umweltpolitik, Berlin: Trafo; Döge, Peter (2002): "Klein ist schön". Neuere Technikkritik als Kritik an der Großen Technik, in: Reinhold Reith/Dorothea Schmidt (Hg.): Small is beautiful? Small is awful?, in: Cottbuser Studien zur Geschichte von Technik, Arbeit und Umwelt, Münster: Waxmann, S. 123–138.

[11] Fraser, Gordon (2006): Introduction. The new physics for the Twenty-First Century, in: Ders. (Hg.): The New Physics for the twenty-first century, Cambridge: Cambridge University Press, S. 1

[12] Corning, Peter A. (1983): Politik und Evolution: Kybernetik und Synergismus in der Entstehung komplexer Gesellschaften, in: Heiner Flohr/Wolfgang Tönnesmann (Hg.): Politik und Biologie. Beiträge zur Life-Sciences-Orientierung der Sozialwissenschaften, Berlin/Hamburg: Paul Parey, S. 38–60.

[13] Döge, Peter (2012): Politik neu denken. Politiktheorie, Politikanalyse und Politische Ethik jenseits von Newton und Descartes. Eine nichtduale Perspektive, Frankfurt am Main: Peter Lang.

[14] Laotse: Tao Te King – Das Buch des Alten vom Sinn und Leben. Übersetzt und mit einem Kommentar von Richard Wilhelm, Düsseldorf/Köln: Eugen Diederichs Verlag, 1952, Vers 2, S. 4.

[15] Döge, Peter (2001): Geschlechterdemokratie als Männlichkeitskritik. Blockaden und Perspektiven einer Neugestaltung des Geschlechterverhältnisses, Bielefeld: Kleine.

[16] Gruber, Hans (2001): Alles in Buddha, in: *Psychologie Heute*, Juli 2001, S. 34–39.

[17] Emerson, Ralph Waldo (1906/1992): Von der Schönheit des Guten. Betrachtungen und Beobachtungen, Zürich: Diogenes, S. 43.

[18] Als einen der wenigen deutschsprachigen Philosophen, die die asiatischen Denkkulturen zum einen überhaupt als Philosophie verstehen und zum anderen auffordern, diese gleichwertig zu den europäischen zu behandeln, habe ich Karl JASPERS erfahren: „Philosophie in großem Stil und im systematischen Zusammenhang gibt es seit zweieinhalb Jahrtausenden im Abendland, in China und Indien" [Jaspers, Karl (^{28}2010/1953): Einführung in die Philosophie, München/Zürich: Piper, S. 15]. So finden sich unter den von JASPERS angeführten „großen Philosophen" etwa Buddha, Laotse, Nagarjuna, Konfuzius [Karl Jaspers (^{8}2007) Die Großen Philosophen, Band 1, München/Zürich: Piper]. Eine ähnliche Offenheit gegenüber asiatischen Ansätzen begegnete mir auch bei Ernst BLOCH, der in seinem *Prinzip Hoffnung* sowohl auf den Daoismus wie den Konfuzianismus als auch auf das Yoga und den Buddhismus Bezug nimmt.

[19] Munro, William Bennett (1991/1927): Physics and Politics – An Old analogy Revisited, in: Theodore Becker (Hg.):Quantum Politics: Applying Quantum Theory to Political Phenomena, New York: Praeger Frederick, S. 3–10; Comte, Auguste (1974): Die Soziologie. Die positive Philosophie im Auszug, Stuttgart: Alfred Kröner Verlag, S. 115; s. a. Meleghy, Tamás (2003): Methodische Grundlagen einer evolutionären Soziologie, in: Ders./ Heinz-Jürgen Niedenzu (Hg.): Soziale Evolution. Die Evolutionslehre und

die Sozialwissenschaften, in: Österreichische Zeitschrift für Soziologie, Sonderband 7, Opladen: Westdeutscher Verlag, S. 114–146.

[20] Döge, Peter (1999): Männlichkeit und Politik. Krise der fordistischen Natuverhältnisse und staatliche Forschungs- und Technologiepolitik in der Bundesrepublik Deutschland, Bielefeld: Kleine; Collmer, Sabine/Döge, Peter/ Fenner, Brigitte (Hg.) (1999): Technik – Politik – Geschlecht. Zum Verhältnis von Politik und Geschlecht in der politischen Techniksteuerung, Bielefeld: Kleine.

[21] Döge, Peter (2011): Anerkennung und Respekt – Geschlechterpolitik jenseits des „gender trouble", in: Aus Politik und Zeitgeschichte, B 37-38, S. 50–54. Keiner der beteiligten Frauenpolitikerinnen kam einmal der Gedanke, dass sowohl an einer Gleichmacherei der Geschlechter bzw. an einer Beseitigung von Unterschieden zwischen Menschen überhaupt, vor allem das gewinnsüchtige Kapital interessiert sein könnte und sich der Gleichheits-Feminismus auf diese Weise zum Büttel des Neoliberalismus macht. Denn alle Unterschiede eingeebnet, lassen sich alle Menschen gleichermaßen noch besser als Arbeitskräfte vernutzen.

[22] Folgende Forschungsarbeiten sind hier insbesondere zu nennen: Döge, Peter (^{2}2013): Männer – die ewigen Gewalttäter? Gewalt von und gegen Männer in Deutschland, Wiesbaden: VS Verlag für Sozialwissenschaften; Döge, Peter (2006): Männer – Paschas und Nestflüchter? Zeitverwendung von Männern in der Bundesrepublik Deutschland, Opladen: Barbara Budrich. Über die Konflikte in der Gender-Beratung: Döge, Peter (2011): Wer Macht hat, muss nicht lernen – Bericht aus den Höhen und Tiefen langjähriger Gender-Beratung, in: Eckhard Kuhla (Hrsg.): Schlagseite – zur Situation der Geschlechter, Eschborn bei Frankfurt am Main/Magdeburg: Klotz, S. 261–278.

[23] Wie wichtig ein geschlechtsdifferenzierter Blick auf soziale Prozesse ist, legen die Vorfälle in der Neujahrs-Nacht 2016 in Köln nahe. Wäre Geschlechterforschung in Deutschland nicht mehr oder weniger auf Frauenforschung verengt und einmal genau hingeschaut worden, wer die Flüchtlinge sind, hätten man und frau sehen können, dass es vor allem junge Männer sind, die zudem überwiegend aus patriarchal-misogynen Kulturen sowie aus Kontexten geprägt von kriegersicher Gewalt stammen – und dass auf diese Weise Konflikte mit unserer offeneren Geschlechterkultur eigentlich vorprogrammiert sind. Die Vorfälle mit der sogenannten *Scharia-Polizei* in Wuppertal hätten Warnung genug sein müssen.

[24] Marx, Karl (1845): Die deutsche Ideologie, in: Marx-Engels-Werke (MEW), Herausgegeben vom Institut für Marxismus-Leninismus beim ZK der SED, Bd. 1–43, Berlin: Dietz-Verlag, 1956 ff., Band 3, S. 30.

[25] Döge, Peter (2008): Von der Anti-Diskriminierung zum Diversity-Management. Ein Leitfaden, Göttingen: Vandenhoeck und Ruprecht;

Döge, Peter (2004): Vom Geschlecht zur Differenz. Politikwissenschaft im Zeichen von Diversity, in: Ders./Karsten Kassner/Gabriele Schambach (Hg.): Schaustelle Gender. Aktuelle Beiträge sozialwissenschaftlicher Geschlechterforschung, Bielefeld: Kleine, S. 61–83.

[26] Döge, Peter (2006): Jenseits von „Scientific Warrior" und „Mathematischem Mann" – Technik, Naturwissenschaft und Hegemoniale Männlichkeit, in: Waltraud Ernst, Ulrike Bohle (Hg.): Naturbilder und Lebensgrundlagen – Konstruktionen von Geschlecht, in: Internationale Frauen- und Genderforschung in Niedersachsen Teilband l, Hamburg: Lit Verlag, S. 177–193; Döge, Peter (2006): Vom Entweder-Oder zum Sowohl-Als-Auch. Wissenschafts- und Technikkulturen jenseits der Geschlechterpolarität, in: Anne Dudeck/ Bettina Jansen-Schulz (Hg.): Hochschuldidaktik und Fachkulturen. Gender als didaktisches Prinzip, Bielefeld: Universitätsverlag Webler, S. 47–55; Döge, Peter (2010): Vom Lebendigen her denken. Perspektiven für eine zukunftsfähige Geschlechterpolitik aus Männersicht, in: Switchboard. Zeitschrift für Männer und Jungenarbeit, Nr. 192, S. 16–19.

[27] Tagore, Rabindranath (2005): Gesammelte Werke. Lyrik, Prosa, Dramen, Düsseldorf/Zürich: Artemis und Winkler, S. 345.

DARWIN

[28] Darwin, Charles (2002/⁶1872): Über die Entstehung der Arten durch natürliche Zuchtwahl, oder die Erhaltung der begünstigsten Rassen im Kampfe um's Dasein, Köln: Parkland Verlag, S. 82.

[29] Küster, Hansjörg (2005): Das ist Ökologie. Die biologischen Grundlagen unserer Existenz, München: Beck, S. 49.

[30] de Waal, Frans (2002): Der Affe und der Sushimeister. Das kulturelle Leben der Tiere, München/Wien: Carl Hanser, S. 285.

[31] Edward, O. Wilson (2000): Darwins Würfel, München: Claasen, S. 105.

[32] Lovelock, James (²2007): Gaias Rache. Warum die Erde sich wehrt, Berlin: List, S. 29.

[33] Es ist sehr erstaunlich, dass, obwohl Friedrich ENGELS bereits im Jahr 1882 in seiner *Dialektik der Natur* – zum ersten Mal in Deutsch veröffentlicht im Jahr 1925 – eine solche systemische Sichtweise entwickelte, diese im weiteren Verlauf im marxistischen Diskurs kaum präsent war und einem kruden mechanistischen Natur- und Technikverständnis weichen musste [Ullrich, Otto (1979): Weltniveau – In der Sackgasse des Industriesystems, Berlin: Rotbuch Verlag]. So konstatierte ENGELS zunächst: „Die ganze uns zugängliche Natur bildet ein System [...]". Es ist gerade diese systemische Eigenschaft der Natur, die dazu führt, dass die Folgen von Eingriffen in das bio-physikalische System nicht abschätzbar sind: „Schmeicheln wir uns indes nicht zu sehr mit unsern menschlichen Siegen über die Natur. Für jeden solchen Sieg rächt sie

sich an uns. Jeder hat in erster Linie zwar die Folgen, auf die wir gerechnet, aber in zweiter und dritter Linie hat er ganz andre, unvorhergesehene Wirkungen, die nur zu oft jene ersten Folgen wieder aufheben. [...] Und so werden wir bei jedem Schritt daran erinnert, daß wir keineswegs die Natur beherrschen [...]." [Engels, Friedrich: Dialektik der Natur, in: Marx-Engels-Werke (MEW), Herausgegeben vom Institut für Marxismus-Leninismus beim ZK der SED, Bd. 1–43, Berlin: Dietz-Verlag, 1956 ff., Band 20, S. 354ff.].

[34] Lovelock, James (1991): Das Gaia-Prinzip. Die Biographie unseres Planeten, Zürich/München: Artemis, S. 47. Der zweite Hauptsatz der Thermodynamik besagt, dass Energieniveaus immer zum Ausgleich streben – so wird der Kaffee unter Zugabe kalter Milch kühler – und dies in einem System nur dadurch verhindert werden kann, dass von außen Energie zugeführt wird. Unser Körper ist ein eindrucksvolles Beispiel für diese Prozesse: Wir können unser Energieniveau von etwa 37 °C nur aufrechterhalten, indem wir durch Nahrungsaufnahme Energie zuführen oder uns mit Kleidung vor Auskühlen schützen.

[35] Weizsäcker, Carl Friedrich von ([2]1954): Die Geschichte der Natur. Zwölf Vorlesungen, Göttingen: Vandenhoeck & Ruprecht, S. 10.

[36] Tohmé, Marie/Cravedi,Jean Pierre/Laudet, Vincent (2011): Störenfriede im Hormonhaushalt, in: Spektrum der Wissenschaft, Heft 9/September, S. 66–73.

[37] Darwin, Charles (2008): Mein Leben, Frankfurt am Main/Leipzig: Insel, S. 97.

[38] Laughlin, Robert B. (2007): Abschied von der Weltformel. Die Neuerfindung der Physik, München: Piper.

[39] Panke, Sven (2013): Organismen aus dem Baukasten, in: Spektrum der Wissenschaft-Extra "Biotechnologie im Umbruch", Februar, S. 22–27.

[40] Martens, Ekkehard (2003): Vom Staunen oder Die Rückkehr der Neugier, Leipzig: Reclam, S. 121.

[41] Bloch, Ernst (1973): Das Prinzip Hoffnung. Zweiter Band, Frankfurt am Main: Suhrkamp, S. 802ff.

[42] Wilson, Edward O. (2002): Die Zukunft des Lebens, Berlin: Siedler, S. 103.

[43] Eine solche Perspektive ist allerdings auch innerhalb der christlichen Religionen nicht unkritisiert geblieben, und so argumentiert etwa der Befreiungstheologe Leonardo BOFF dahingehend, dass die Vorstellung eines transzendenten Schöpfergottes zu einem „Gott über der Welt und, was noch schlimmer ist, außerhalb der Welt [...]" führt, zu einem „Gott ohne Welt" [Boff, Leonardo (2010): Die Transparenz aller Dinge. Gott erfahren, Kevelaer: Lahn, S. 15; s. a. Boff, Leonardo (2010): Die Erde ist uns anvertraut. Eine ökologische Spiritualität, Kevelaer: Butzon & Bercker; s. a. Sölle, Dorothee (1997): Gott denken. Einführung in die Theologie, München: dtv].

In eine ähnliche Richtung argumentiert auch die sogenannte *Prozesstheologie* [Cobb, John B./Griffin, David, Ray (1976): Process Theology. An Introductory Explanation, Louisville/London: Westminster Press]. Eine sehr instruktive Kritik der Ebenbildlichkeits-Vorstellung findet sich bei: Spong, John Shelby (2006): Warum der alte Glaube neu geboren werden muss. Ein Bischof bezieht Position, Düsseldorf: Patmos. Die Vorstellung eines externen, allmächtigen Macher-Gottes ist Erich FROMM zufolge Ausdruck einer „autoritären" Religionskultur, der er eine „humanitäre" gegenüberstellt. Beispiele humanitärer Religionen sind ihm zufolge „[…] der Frühbuddhismus, der Taoismus, die Lehren Jesajas, Jesu, Sokrates', Spinozas, gewisse Strömungen in jüdischen und christlichen Religionen (besonders die Mystik), die Religion der Vernunft in der Französischen Revolution" [Fromm, Erich (³1980): Psychoanalyse und Religion, Goldmann Taschenbuch: München, S. 49].

[44] Darwin, Charles (1874): Die Abstammung des Menschen, Paderborn: Voltmedia, S. 686ff.

DER SCHMETTERLING

[45] Heisenberg, Werner (⁶2000): Physik und Philosophie, Stuttgart: Hirzel, S. 153.

[46] Watzlawick, Paul (⁸2005): Wirklichkeitsanpassung oder angepaßte „Wirklichkeit"? Konstruktivismus und Psychotherapie, in: Gumin, Heinz/ Meier, Heinrich (Hg.): Einführung in den Konstruktivismus, in: Veröffentlichungen der Carl Friedrich von Siemens Stiftung Band 5, München: Piper, S. 91ff.

[47] Ekeland, Ivar (2000): Chaos, Bergisch-Gladbach: BLT, S. 45.

[48] CC BY-SA 3.0, ttps://commons.wikimedia.org/w/index.php? curid=1898291, Zugriff: 04.02.2016.

[49] Prigogine, Ilya (1998): Die Gesetze des Chaos, Frankfurt am Main: Insel Taschenbuch, S. 84.

[50] https://www.bundesarchiv.de/oeffentlichkeitsarbeit/presse/02450/index.html.de Zugriff 08.12.2015.

[51] Ganz in diesem Sinne lautet die erste Zeile des apostolischen Glaubensbekenntnisses: „Ich glaube an Gott […], den Allmächtigen, Schöpfer des Himmels und der Erde." Das Vaterunser stellt diesen Gott dann auch noch außerhalb der Erde: „Vater unser im Himmel […]". Von Bedeutung ist dabei nicht, dass die Menschen auch heute noch explizit an einen persönlichen Schöpfergott glauben, sondern dass sich die mit dieser Gottesvorstellung verbundene dualistische Metaphysik über Jahre institutionell niedergeschlagen hat und somit unsere Denk- und Interaktionskultur bestimmt – wie etwa in unserem technischen Fortschrittsglauben deutlich wird, der nichts anderes ist, als eine säkularisierte Version des Glaubens an eine Wiedergeburt im Paradies [Noble, David F. (1998): Eiskalte Träume. Die Erlösungsphantasien der Techno-

logen, Freiburg/ Basel/ Wien: Herder]. Ein solches Denkmuster ist aber nur möglich, da in unserem Denk-Raum die Vorstellung eines Paradieses überhaupt existiert.

[52] Seif, Philipp Klaus /Sievernich Michael (1983): Einführung, in: Dies. (Hg.): Schuld und Umkehr in den Weltreligionen, Mainz: Grünewald, S. 9–18.

[53] Edelman, Murray ([3]2005): Politik als Ritual. Die symbolische Funktion staatlicher Institutionen und politischen Handelns, Frankfurt am Main/New York: Campus, S. 16.

[54] Cohn, Ruth C. (1994): Wir sind Politiker und Politikerinnen – wir alle! Ein Gespräch über mögliche Hilfe von TZI und Kommunikationslehre, in: Rüdiger Standhardt/Cornelia Löhmer (Hg.), Zur Tat befreien. Gesellschaftspolitische Perspektiven zur TZI-Gruppenarbeit, Mainz: Grünewald, S. 7.

LAOTSE

[55] Faber, Roland (2003): Gott als Poet der Welt. Anliegen und Perspektiven der Prozesstheologie, Darmstadt: Wissenschaftliche Buchgesellschaft, S. 12.

[56] Jaspers, Karl ([7]2004 [1957]): Die großen Philosophen – Erster Band, München/Zürich: Piper, S. 225. Im Gegensatz zu den *Glaubensreligionen* des Christentums, Judentums und dem Islam werden Buddhismus, Hinduismus und Taoismus als *Erfahrungsreligionen* bezeichnet: „Sie verlangen kein Einhalten von Geboten eines höheren Wesens […], sondern die Umwandlung des Bewusstseins und des Selbstgefühls." [Watts, Alan (2005): Buddhismus verstehen. Religion der Nicht-Religion, Freiburg/Basel/Wien: Herder, S. 33].

[57] Voegelin, Eric ([3]2007): Die politischen Religionen, München: Wilhelm Fink. Der Begriff *säkulare Religion* bezeichnet Raymond ARON zufolge jene Doktrinen, „[...] die in den Herzen der Zeitgenossen den Platz des geschwundenen göttlichen Glaubens einnehmen und die das Heil der Menschheit in Gestalt einer neu zu schaffenden sozialen Ordnung im Diesseits in ferner Zukunft ansetzen." [Raymond Aron, Chroniques de guerre, Paris 1990, S. 926, zit. nach: Seitscheck, Hans Otto (2009): Raymond Arons Konzept der „politischen Religionen". Ein eigener Weg der Totalitarismuskritik, Voegeliniana Occasional Papers, No. 75, S. 23].

[58] Rosendorfer, Herbert ([39]2011): Briefe in die chinesische Vergangenheit, München: dtv, S. 244.

[59] Weber, Max (2005): Die protestantische Ethik und der Geist des Kapitalismus, Erftstadt: Area.

[60] Hendrich, Geert ([2]2011): Arabisch-Islamische Philosophie. Geschichte und Gegenwart, Frankfurt am Main: Campus.

[61] Dabei wird von seinen Anhängern übersehen, dass auch der *Szientismus* auf einer Glaubensentscheidung basiert, denn er glaubt, dass Wahrheit aus-

schließlich mit wissenschaftlichen Methoden – allen voran das kontrollierte Experiment – erkannt werden kann. Es ergibt sich dann jedoch ein Zirkelschluss in dem Sinne, dass wahr wiederum nur das ist, was mit diesen Methoden erschlossen werden kann, alles andere ist un-wahr: „Das Unheil menschlicher Existenz beginnt, wenn das wissenschaftlich Gewußte für das Sein selbst gehalten wird, und wenn alles, was nicht wissenschaftlich wißbar ist, als nicht existent gilt. Wissenschaft wird zum Wissenschaftsaberglauben [...]" [Jaspers, Karl ([11]1997): Kleine Schule des philosophischen Denkens, München/ Zürich: Piper, S. 28f.]. Dass auch (Natur-)Wissenschaft eine Religion ist, zeigt eindrucksvoll Joseph WEIZENBAUM: „Die Naturwissenschaft ist die heute nachhaltig vorherrschende Weltreligion! Es gibt Novizen, das sind z. B. die Studenten, es gibt Priester und Bischöfe, sogar Kardinäle: die Nobelpreisträger. Ob es einen Papst gibt oder nicht, kann bestritten werden. Es gibt Kirchen, ja sogar Kathedralen. Ich behaupte, daß die berühmten Technischen Universitäten – darunter das Massachusetts Institute of Technology (MIT) – wissenschaftliche Kathedralen sind. Auch die notwendigen Rituale fehlen nicht – es gibt Sekten, Ketzerei, Exkommunikation und vieles mehr." [Weizenbaum, Joseph (2001): Computermacht und Gesellschaft. Freie Reden, Frankfurt am Main: Suhrkamp, S. 35f.].

[62] Besonders anschaulich findet sich diese Vorstellung im Bild von *Indras Netz* im chinesischen Hua-Yen-Buddhismus, der eine Verbindung buddhistischer und daoistischer Denkmuster darstellt: An jedem Knoten dieses Netzes befindet sich ein Juwel, das jeweils alle anderen Juwelen spiegelt. Alles spiegelt sich in allem wider, das Netz ist ein Ganzes [Cook, Francis H. (1977): Hua-yen Buddhism. The Jewel Net of Indra, London: The Pennsylvania State University Press].

[63] Dalai Lama ([9]2010): Das Buch der Menschlichkeit. Eine neue Ethik für unsere Zeit, Köln: Bastei Lübbe, S. 151.

[64] Oldenberg, Herrmann (Hg.) (2008): Buddha. Die großen Reden, Köln: Anaconda, S. 163.

[65] Harris, Sam (2006): The End of Faith. Religion, Terror, and the Future of Reason, London: Free Press; s. a. Batchelor, Stephen ([8]2002): Buddhismus für Ungläubige, Frankfurt am Main: Fischer Taschenbuch. Auch Albert EINSTEIN sah den Buddhismus als eine Religion, die seiner Vorstellung einer „kosmischen Religiosität" sehr nahe kommt [Einstein, Albert ([27]2001): Mein Weltbild, München: Ullstein, S. 19f.]

[66] Aus: Schuhmacher, Stephan ([3]2011): ZEN, München: Diederichs, S. 105.

[67] Yutang, Lin ([15]2000): Die Weisheit des Laotse, Frankfurt am Main: Fischer, S. 21f.

[68] Tao-Te-King Vers 42, in: Lao Tse (1985): Tao-Te-King, Neu ins Deutsche übertragen von Hans Knospe und Odette Brändli, Zürich: Diogenes, ohne Seitennummerierung.

[69] In den daoistischen Schriften steht der Begriff des Dao bisweilen für die kosmische Energie im Sinne des Qi sowie auch für deren Entwicklungspfad: „As a result, in reading the Lao Tzu one sometimes gets the feeling that the line is blurred between the tao as an entity and the tao as an abstract principle which is followed." [Lao Tzu (1963): Tao Te Ching, Translated with an introduction by D. C. Lau, London: Penguin Books, S. xxi]. Allerdings sind diese beiden Bedeutungen nicht zu trennen, denn im Qi ist schon sein Entwicklungsweg (Dao) enthalten. So sind Dao und Qi eins und zugleich nicht-eins.

[70] An dieser Stelle sei erwähnt, dass sich auch der Physiker Niels BOHR intensiv mit taoistischem Denken beschäftigte und nach seiner Adelung als Wappen das Tai Chi, das die Einheit von Yin und Yang abbildet, wählte. Über dem Wappen befindet sich die Inschrift: „Contraria sunt complementaria". Ebenso sah auch der Physiker Wolfgang PAULI den Daoismus als eine seiner philosophischen Grundlage: „[…] Wie Sie ja wohl wissen, komme ich in religiöser und philosophischer Hinsieht von Lao-tse und Schopenhauer her […]." [Brief von Wolfgang Pauli an C.G. Jung am 27.02.1952, in: Meier, Carl Alfred (Hg.) (1992): Wolfgang Pauli und C.G. Jung. Ein Briefwechsel 1932 - 1958, Heidelberg: Springer, S. 76f.]

[71] Dschuang Dsi (1969): Das wahre Buch vom südlichen Blütenland. Aus dem Chinesischen übertragen und erläutert von Richard Wilhelm, in: Diederichs Gelbe Reihe 172, Kreuzlingen/München: Hugendubel, XXII, 5, S. 230f. Im Folgenden zitiert als: Zhuangzi, Richard Wilhelm.

[72] Tao-Te-King Vers 77, Knospe/Brändli, o. S.

[73] Tao-Te-King Vers 5, Knospe/Brändli, o. S.

[74] Aus buddhistischer Tradition am nächsten kommt dieser Konzeption von guter Politik meines Erachtens das Konzept des *Dhammic Socialism* von BIKKHU BUDDHADASA. Denn wie auch LAOTSE begründet er gute Politik und eine gerechten Verteilung von Ressourcen aus dem Organisationsprinzip des SEINS – in diesem Fall aus dem *Dhamma* –, als dessen wesentliche Qualität er wie auch die Daoisten die Tendenz zum Ausgleich sieht. Dhamma und Dao sind für ihn dasselbe: „Der Geist oder die Essenz des echten Sozialismus entspricht dem Dhamma der Natur. Das Ziel des wahren Sozialismus ist im Einklang mit dem Weg der Natur. Wenn wir nur mit dem leben, was wir wirklich brauchen, leben wir Natur-gemäß, ob uns das bewußt ist oder nicht" [Buddhadasa, Bhikkhu (2003): Dhammic Socialism, Übersetzung aus dem Englischen von Kurt Jungbehren, München: Buddhistische Gemeinde, S. 7; s. a. Swearer, Donald K. (Hg.) (1989): Me and Mine. Selected Essays of Bikkhu Buddhadasa, New York: Sunny Press, v.a. S. 167ff.].

[75] Tao-Te-King Vers 29, Richard Wilhelm, S. 73.

[76] Zhuangzi (2008): Das Buch der Spontaneität. Über den Nutzen der Nutzlosigkeit und die Kultur der Langsamkeit, herausgegeben und aus dem Chinesi-

schen ins Englische übertragen von Victor H. Mair, aus dem Englischen übersetzt von Stephan Schuhmacher, Aitrang: Windpferd Verlagsgesellschaft, 14.7, S. 183. Im Folgenden zitiert als: Zhuangzi, Victor H. Mair.

[77] Neiye, Vers 18, in: Bödicker, Martin (Hg.) (2014): Innere Übung (Neiye) – Das Dao als Quelle (Yuandao), Willich: Verlag Bödicker, S. 25.

[78] Tao-Te-King Vers 64, Knospe/Brändli, o. S. Meines Erachtens äußerst passend übersetzt hat den Begriff *WuWei* Julius GRILL: „Daher beharrt der vollendete Weise beim Geschäft des Nicht-»machens« [...]" [Grill, Julius (Hg.) (1910): Lao-tszes Buch vom höchsten Wesen und vom höchsten Gut (Tao-te-king), Tübingen: J. C. B. Mohr (Paul Siebeck), Vers 2, S. 76].

[79] Mong Dsi [Menzius; PD] (1982): Die Lehrgespräche des Meisters Meng K'o, Aus dem Chinesischen übertragen und erläutert von Richard Wilhelm, Köln: Eugen Diederichs, S. 70.

[80] Tao-Te-King Vers 8, Knospe/Brändli, o. S.

[81] Tao-Te-King Vers 67, Knospe/Brändli, o. S. Lin Yutang verweist darauf, dass der hier als „Mitgefühl" übersetzte Begriff im chinesischen die Bedeutung besitzt von „zärtlicher Liebe" [Yutang, Lin (Hg.) (152000): Die Weisheit des Laotse, Frankfurt am Main: Fischer, S. 215]. Ellen Chen übersetzt diesen Begriff mit „mütterlicher Liebe" und versteht darunter eine Liebe, „[…] die schützt und nährt." [Chen, Ellen M. (1989): The Tao Te King, St. Paul: Paragon House, S. 208f.]. Aus meiner Sicht passend wäre von daher der Begriff **tiefe Verbundenheit** oder Fürsorglichkeit. So könnte man die drei Schätze zeitgemäß formulieren als: Fürsorglich-Sein, Nicht-Verschwenderisch-Sein, Zurückhaltend-Sein [vgl. hierzu: Reid, Dan G. (Hg.) (2015): The Ho-Shang Kung Commentary on Lao Tzu's Tao Te Ching, Montreal: Center Ring Publishing, S. 45f.].

[82] Zhuangzi 17.1, Victor H. Mair, S. 197.

[83] Tao-Te-King Vers 35, Knospe/Brändli, o. S.

[84] Konfuzius: Das Große Lernen, in: Yutang, Lin (Hg.) (1957): Konfuzius, Frankfurt am Main/Hamburg: Fischer, S. 99.

[85] Mong Dsi (1982): Die Lehrgespräche des Meisters Meng K'o [Menzius; PD], Aus dem Chinesischen übertragen und erläutert von Richard Wilhelm, Köln: Eugen Diederichs, Abschnitt VIA6, S. 126.

[86] Moritz, Ralf (Hg.)(1982): Konfuzius. Gespräche (Lun-yu), Abschnitt 15.24, Stuttgart: Reclam, S. 102.

[87] Kungfutse [Konfuzius; PD] (1990): Gespräche Lun Yü. Aus dem Chinesischen übertragen und herausgegeben von Richard Wilhelm, Diederichs Gelbe Reihe, Band 22, München: Eugen Diederichs, Abschnitt XII.11, S. 125.

[88] Ebd., Abschnitt XIII.18, S. 135.

[89] Zhuangzi 11.3, Victor H. Mair, S. 133.

[90] Tao-Te-King Vers 18, in: Laudse ([5]1985) Daudesching, Aus dem Chinesischen übersetzt und herausgegeben von Ernst Schwarz, Leipzig: Philipp Reclam jun., S. 59 (Kleinschreibung im Original).

[91] Zhuangzi 22.1, Victor H. Mair, S. 250.

[92] Tao-Te-King Vers 38, Knospe/Brändli, o. S.

[93] Cramer, Friedrich (1998): Symphonie des Lebendigen. Versuch einer allgemeinen Resonanztheorie, Leipzig: Insel, S. 222.

[94] Zhuangzi 22.2, Victor H. Mair, S. 252.

[95] Zhuangzi 22.1, Victor H. Mair, S. 251.

[96] Zhuangzi 2.6, Victor H. Mair, S. 55.

[97] Bloch, Ernst (1973): Das Prinzip Hoffnung. Dritter Band, Frankfurt am Main: Suhrkamp, S. 1447.

[98] Tao-Te-King Vers 9, Knospe/Brändli, o. S.

[99] Liä Dsi (2009): Das wahre Buch vom quellenden Urgrund. Die Lehren der Philosophen Liä Yü Kou und Yang Dschu. Aus dem Chinesischen übertragen von Richard Wilhelm, mit einem Vorwort von Hans van Ess, München: Diederichs, Abschnitt V. 9, S. 107. Das Liä Dsi [im Folgenden *Liezi*] gehört mit Sicherheit zu den zentralen daoistischen Schriften, wobei es allerdings erst im 3. Jahrhundert u. Z. kompiliert wurde. Es umfasst jedoch Texte aus einer Zeitspanne bis zum 3. Jahrhundert v. u. Z., allerdings spiegelt sich in vermeintlich jüngeren Texten bereits ein gewisser buddhistischer Einfluss wider.

[100] Daly, Herman E.; (1999): Wirtschaft jenseits von Wachstum. Die Volkswirtschaftslehre nachhaltiger Entwicklung, Salzburg/München: Anton Pustet; Georgescu-Roegen, Nicholas (1971): The Entropy Law and the Economic Process, New York: Harvard University Press.

[101] Zhuangzi 12.11, in: Jäger, Henrik (2009): Mit den passenden Schuhen vergißt man die Füße. Ein Zhuangzi-Lesebuch, Zürich: Ammann S. 149.

[102] Tao-Te-King Vers 70, Lin Yutang, in: Ders. (Hg.). Die Weisheit des Laotse, Frankfurt am Main: Fischer, S. 206. In diesem Sinne rund 100 Jahre später auch SOKRATES: „[…] ich dagegen weiß zwar auch nichts, glaube aber auch nicht, etwas zu wissen." [Platon: Die Apologie des Sokrates, in: Rudolf Rufener (Hg.): Platon: Apologie – Kriton – Phaidon, Düsseldorf/Zürich: Artemis & Winkler, S. 13; s. a.: Morris, Tom (2012): Socrates and Wu Wei, in: Chakrabarti, Chandana/ Fairbanks, Sandra Jane (Ed.): Morality and Spirituality in the Contemporary World, Newcastle upon Tyne: Cambridge Scholars Publishing, S. 87–108].

[103] Nicht nur unser System- und Prozesswissen, sondern auch unser Detail-Wissen über die uns umgebende Welt ist in weiten Bereichen nur „ein Tropfen" (NEWTON) – wie einige Beispiele zeigen mögen: Lediglich 5 % der

Materie des Universums können wir wahrnehmen, der Rest ist sogenannte dunkle Energie bzw. Materie, von der keiner so recht weiß, was sie eigentlich ist und welche Eigenschaften sie hat. Auch kennen wir noch lange nicht alle Orte unseres Planeten, denn ein weiter Teil der Meere – insbesondere in großen Tiefen – ist noch unbekannt. Auch sind von den auf der Erde vermuteten 10 Millionen Arten Lebewesen gerade einmal 2 Millionen wissenschaftlich beschrieben – und so wurden immer mehr Arten an Orten entdeckt, die lange Zeit als lebensfeindlich galten. Auch haben wir bis heute den Prozess der Fotosynthese, der die wesentliche Grundlage allen Lebens auf der Erde bildet, ebenso wenig im Detail verstanden wie die Funktionsweise unseres Gehirns.

[104] Zhuangzi 23.1, Victor H. Mair, S. 271.

[105] Zhuangzi 1.2, Victor H. Mair, S. 46.

[106] Zhuangzi 2.6, Victor H. Mair, S. 55.

[107] Zhuangzi 2.4, Victor H. Mair, S. 53.

[108] Zhuangzi 28.5, Victor H. Mair, S. 327.

ACHTSAMKEIT UND POLITIK

[109] Zhuangzi X.3, Richard Wilhelm, S. 113. In diesem Sinne kommt Burton WATSON im Zusammenhang seiner Zhuangzi-Übersetzung zum dem Schluss, "[…] dass das zentrale Thema des *Zhuangzi* in einem Begriff zusammengefasst werden kann: Freiheit." [Watson, Burton (2013): The Complete Works of Zhuangzi, New York: Columbia University Press, S. ix; Übersetzung PD].

[110] Tao-Te-King Vers 76, Knospe/Brändli, o. S.

[111] Tao-Te-King Vers 64, Lin Yutang, S. 197.

[112] Tao-Te-King Vers 33, Ernst Schwarz, S. 69.

[113] Zhuangzi, in: Hans O. H. Stange (Hg.) (1936): Dichtung und Weisheit, Aus dem chinesischen Urtext übersetzt, Frankfurt am Main/Leipzig: Insel, S. 8. Dass sich die Erkenntnis der systemischen Verwobenheit der Welt bedauerlicherweise in der staatlichen Politik noch immer nicht durchgesetzt hat, zeigt sehr eindrucksvoll die Rede von Bundeskanzlerin Angela MERKEL anlässlich der Terroranschläge von Paris am 25. November 2015 vor dem Deutschen Bundestag, in der sie feststellt: „Es herrscht in vielen Regionen Krieg und Terror. Staaten zerfallen. Viele Jahre haben wir es gelesen. Wir haben es gehört. Wir haben es im Fernsehen gesehen. *Aber wir haben damals noch nicht ausreichend verstanden, dass das, was in Aleppo und Mossul passiert, für Essen oder Stuttgart relevant sein kann.*" [http://www.bundestag.de/dokumente/ protokolle/vorlaeufig/18139/396984, Zugriff: 25.11.2015; Hervorhebungen PD].

[114] An dieser Stelle erscheint es angebracht, den Institutionenbegriff vom Strukturbegriff sowie vom Begriff der Organisation präzise abzugrenzen. *Institutionen* bezeichnen dauerhaft angelegte und formal geregelte Handlungsmuster und Normen, als Struktur kann allgemein definiert werden die Anordnung von Elementen in einem Raum. Hiervon ausgehend können zwar zahlreiche soziale Institutionen (z. B. Ehe, Kirche, Markt, Schule usw.) unterschieden werden, aber im Wesentlichen nur zwei soziale Strukturmuster: Hierarchisierung und Differenzierung – die vertikale und horizontale Anordnung der sozialen Elemente (= Individuen) im sozialen Raum. Dazu liegt quer das Handlungsmuster der Gruppenbildung als anthropologische Konstante. Diese Strukturmuster schlagen sich in unterschiedlichen Institutionen nieder. Eine *Organisation* bezeichnet eine Einrichtung, in der Menschen zusammenkommen, um auf Dauer ein gemeinsames Ziel zu verfolgen – sie ist gewissermaßen eine dauerhaft angelegte (Groß-)Gruppe. Gruppen könnten als Moleküle des sozialen Raums gesehen werden, die aus den sozialen Atomen – den Individuen – gebildet werden. In den Ideen, die Individuen zur Gruppenbildung veranlassen und den Kitt einer jeden Gruppe bilden, sieht William Bennett Munro die Elektronen des sozialen Raums [Munro, William Bennett (1991): Physics and Politics – An Old Analogy Revisited, Presidential address delivered before the American Political Science Association in Washington, D.C, December 28, 1927, in: Theodore Becker (Hg.): Quantum Politics: Applying Quantum Theory to Political Phenomena, New York: Praeger Frederick, S. 6].

[115] Arendt, Hannah ([13]1998): Macht und Gewalt, München: Piper, S. 55.

[116] Arendt, Hannah ([13]1998): Macht und Gewalt, München: Piper, S. 45.

[117] Aus: Briggs, John; Peat, David F. (2004): Die kreative Kraft des Chaos. Warum es besser ist, nicht alles in den Griff zu bekommen, München: Knaur, S. 47ff.

[118] Vgl. Dittes, Frank-Michael (2012): Komplexität. Warum die Bahn nie pünktlich ist, Berlin/Heidelberg: Springer.

[119] Liezi XIII.13, Richard Wilhelm, S. 217.

[120] Tao-Te-King Vers 3, Lin Yutang, S. 52.

[121] Zhuangzi II.4, Richard Wilhelm, S. 44.

[122] Huxley, Julian (1964): Die Grundgedanken des Evolutionären Humanismus, in: Ders. (Hg.): Der Evolutionäre Humanismus. Zehn Essays über die Leitgedanken und Probleme, München: Beck, S. 30.

[123] Gould, Stephen Jay (1999): Illusion Fortschritt. Die vielfältigen Wege der Evolution, Frankfurt am Main: Fischer Taschenbuch, S. 282.

[124] Schmitt, Carl (1932/[7]1963): Der Begriff des Politischen, Berlin: Duncker & Humboldt.

[125] Harding, Stephan (2006): Animate Earth. Science, Intuition and Gaia, Foxhole: Green Books, S. 224 [Übersetzung PD].

[126] Gandhi, Arun (2004): Vorwort, in: Rosenberg, Marshall B. (2004): Gewaltfreie Kommunikation. Eine Sprache des Lebens, Paderborn: Junfermann, S. 9f.

[127] Mahatma Gandhi, in: Kämpchen, Martin (2002): Gandhi für Gestresste. Ausgewählt von Martin Kämpchen, Frankfurt am Main/Leipzig: Insel, S. 112.

[128] Buber, Martin (^{9}2002): Elemente des Zwischenmenschlichen, in: Ders.: Das dialogische Prinzip, Gütersloh: Gütersloher Verlagshaus, S. 293. Es ist gut möglich, dass die Überlegungen von Martin BUBER zum echten Gespräch nicht unwesentlich durch seine Beschäftigung mit dem Daoismus und hier mit ZHUANGZI beeinflusst worden sind. [Herman, Jonathan R. (1996): I and Tao: Martin Bubers Encounter with Chuang Tzu, New York: Sunny Press]. Und so findet sich bei ZHUANGZI folgende Passage, in der schon eine wesentliche die Idee der dialogischen Kommunikation sowie von Martin BUBERs Ich-Du-Konzeption formuliert ist: „Gäbe es keinen »Anderen« gäbe es kein »Ich«" [Zhuangzi 2.3, Victor H. Mair, S. 52].

[129] Bohm, David (^{3}2002): Der Dialog. Das offene Gespräch am Ende der Diskussionen, Stuttgart: Klett-Cotta, S. 36f.

[130] Cohn, Ruth C. (1993): Es geht ums Anteilnehmen. Die Begründerin der TZI zur Persönlichkeitsentfaltung, Freiburg/Basel/Wien: Herder, S. 95.

[131] Nach: Zohar, Danah (2000): Am Rande des Chaos. Neues Denken für chaotische Zeiten, St. Gallen/Zürich/New York: Midas Management Verlag, S. 216.

[132] Maturana, Humberto R./Pörksen, Bernhard (2002): Von Sein zum Tun. Die Ursprünge der Biologie des Erkennens, Heidelberg: Carl-Auer, S. 48.

[133] Ebd. S. 47.

[134] Segev, Tom (2009): Glaube, Kriege, keine Hoffnung. Überlegungen eines besorgten Historikers aus Israel, in: Le Monde Diplomatique, Februar 2009, S. 21.

[135] Zhuangzi XVII.1, Richard Wilhelm, S. 180.

[136] Wilson, Edward O. (2000): Die Einheit des Wissens, München: Goldmann, S. 249f.

[137] Zhuangzi, in: Buber, Martin (Hg.) (1951/1910): Tschuang-Tse. Reden und Gleichnisse, Zürich: Manesse, S. 25.

[138] Die inhaltliche Bestimmung normativ aufgeladener Begriff ist immer Bestandteil von Politik, sie ist das Ergebnis des „Kampfes um kulturelle Hegemonie" [Gramsci, Antonio (1980): Zu Politik, Geschichte und Kultur Ausgewählte Schriften, Frankfurt am Main: Röderberg, S. 268ff.].

[139] Satir, Virginia (2000): Wir als Agenten der Veränderung, in: Satir, Virginia /Stachowiak, James/Taschmann, Harvey A: Praxiskurs Familientherapie. Die Entwicklung individuellen Gewahrseins und die Veränderung von Familien, Paderborn: Junfermann, S. 32.

[140] Watzlawick, Paul/Beavin, Janet H./Jackson, Don D. ([10]2000): Menschliche Kommunikation. Formen, Störungen, Paradoxien, Bern: Verlag Hans Huber, S. 51.

[141] Thich Nhat Hanh (2011): Innerer Friede – Äußerer Friede, München: Knaur, S. 78.

[142] Thich Nhat Hanh (2004): Jeden Augenblick genießen. Übungen zur Achtsamkeit, Berlin: Theseus, S. 13.

[143] Easwaran, Eknath (2012): Die Bhagavad Gita, München: Goldmann, S. 49.

[144] Tao-Te-King Vers 47, Knospe/Brändli, o. S. Ein gutes Beispiel für eine Person, die durch Nachdenken wesentliche Grundprinzipien der Welt erkannt hat, ohne weit aus dem Haus zu gehen, ist Albert EINSTEIN: „Jenseits der Frage nach seinem übrigen kulturellen Einfluss steht Einstein zumindest für die Gewissheit, dass ein denkender Mensch, allein auf sich gestellt, kosmische Wahrheiten enthüllen kann." [Greene, Brian (2015): Der Glanz des Genies, in: Spektrum der Wissenschaft, Heft 10/Oktober, S. 46].

[145] Huang-po (2011): Der Geist des Zen. Die legendären Aussprüche und Ansprachen des Huang-po, München: O.W. Barth, S. 72.

[146] Suzuki, Daisetz Teitaro (2005): Die grosse Befreiung. Einführung in den Zen-Buddhismus, Frankfurt am Main: O.W. Barth, S. 72.

[147] Zen-Meister Seung Sahn, in: Schmidt-Glintzer, Hellwig (Hg.) (2007): Lektionen der Stille. Klassische Zen-Texte, München: Beck, S. 35. Die dualistische Metaphysik des christlichen Theismus ist in meinen Augen ein zentraler Grund dafür, warum alle Ansätze – wie etwa von Willigis JÄGER oder Robert MERTON –, Zen in christliche Kontexte einzuführen, zum Scheitern verurteilt sind. Denn es bleibt hier immer eine Dualität bestehen: die Dualität von Mensch und Gott, Mensch und Gott sind immer gedacht als unterschiedliche Wesenheiten. Und so bleiben der christliche Zen-Meditierende und Gott, mit dem er sich in der Meditation zu verbinden sucht, „[...] immer zwei und nicht eins." [Senzaki, Nyogen/McCandless, Ruth Strout (1992): Keine Spuren im Wasser. Eine Einführung in Zen, Zürich/München: Theseus, S. 66; s. a. Schuhmacher, Stephan ([3]2011): ZEN, München: Diederichs, S. 101ff.].

[148] Victoria, Brain (Daizen) A. (1999): Zen, Nationalismus und Krieg. Eine unheimliche Allianz, Berlin: Theseus.

[149] Slingerland, Edward (2015): Trying not to Try. The Art of Effortlessness and the Power of Spontaneity, Edinburgh/London: Canongate, S. 32 [Über-

setzung PD]. Ein ZEN-Ansatz, bei dem noch etwas von der daoistischen Lebendigkeit und Alltagsbezogenheit mitschwingt, ist mir vor allem begegnet bei Kodo SAWAKI und Kosho UCHIYAMA: „Wichtig ist, dass Zazen nicht etwas ist, das man durch äußeren Zwang, sondern aus der Entdeckung der eigenen Lebenskraft des Selbst heraus macht [...]." [Uchiyama, Kosho (2008): Das Leben meistern durch Zazen, Frankfurt am Main: Angkor, S. 86; s. a. Sawaki, Kodo (2005): Zen ist die größte Lüge aller Zeiten, Frankfurt am Main: Angkor].

[150] Tao-Te-King Vers 32, Knospe/Brändli, o. S.

[151] Zhuangzi 4.1, Victor H. Mair, S. 72.

[152] Tao-Te-King Vers 16, Knospe/Brändli, o. S.

[153] Zhuangzi VI.7, Richard Wilhelm, S. 94.

[154] Neiye Vers 11, in: Bödicker, Martin (Hg.) (2014): Innere Übung (Neiye) – Das Dao als Quelle (Yuandao), Willich: Verlag Bödicker, S. 19. Den hier verwendeten Begriff „Herz" kann man auch mit „Geist" übersetzen. Im Chinesischen fallen die Bedeutung von Herz und Geist weitgehend zusammen. [Anmerkung von Günter Wohlfahrt in: Zhuangzi, Auswahl, Stuttgart: Philipp Reclam jun., 2003, S. 158].

[155] Zhuangzi 15.1, Victor H. Mair, S. 186.

[156] Aspelmeyer, Markus/Arndt, Markus (2012): Schrödingers Katze auf dem Prüfstand, in: Spektrum der Wissenschaft, 10/Oktober, S. 44–54.

[157] Dürr, Hans-Peter (2008): Quantenphysikalische Weltbetrachtung, in: Dürr, Hans-Peter/Panikkar, Raimon (2008): Liebe – Urquelle des Kosmos. Ein Gespräch über Naturwissenschaft und Religion, Freiburg: Herder, S. 40.; s. a. Kuhlmann, Meinard (2014): Was ist real?, in: Spektrum der Wissenschaft, 07/Juli, S. 46–53.

[158] Cramer, Friedrich (1998): Symphonie des Lebendigen. Versuch einer allgemeinen Resonanztheorie, Leipzig: Insel, S. 14ff.

[159] Vgl. dazu: Ott, Ulrich (2010): Meditation für Skeptiker. Ein Neurowissenschaftler erklärt den Weg zum Selbst, München: O.W. Barth

[160] Wenn Rudolf STEINER in den *Anthroposophischen Leitsätzen* ausführt, dass die Anthroposophie „[...] das Geistige im Menschenwesen zum Geistigen im Weltall führen möchte", bleiben er und in seiner Nachfolge die Anthroposophie meines Erachtens genau in dieser Dualität von Materie und Geist haften [Steiner, Rudolf (2015): Anthroposophische Leitsätze, Bad Liebenzell: Rudolf Steiner Ausgaben, S. 16 (Original erschienen in der Wochenschrift *Was in der anthroposophischen Gesellschaft vorgeht* – 1924/25]. Wenn er dann in seinem ersten Vortrag zur *Anthroposophie – ihre Erkenntniswurzeln und Lebensfrüchte* noch ausführt dass „[...] hinter der sinnlich-physischen Welt und mit dieser innig verwoben eine geistig-übersinnliche steht" versteht er den Geist eben nicht als Sinn und begründet auch hier eine dualistische

Metaphysik [Steiner, Rudolf (1962): Anthroposophie – ihre Erkenntniswurzeln und Lebensfrüchte, Stuttgart: Verlag Freies Geistesleben, S. 7]. Trotzdem sehe ich die Anthroposophie als eine der entwickeltesten Formen, die eine Spiritualität innerhalb der vorherrschenden dualistisch-theistischen Denkkultur im Okzident annehmen kann. Dies zeigt sich unter anderem in ihren pädagogischen Ansätzen sowie in ihren Ansätzen zum ökologischen Landbau und zur Gesundheitsversorgung.

[161] Kabat-Zinn, Jon (2007): Im Alltag Ruhe finden. Meditationen für ein gelassenes Leben, Frankfurt am Main: Fischer Taschenbuch, S. 219.

[162] Solomon, Robert C. (2002): Spirituality for the Skeptic. The Thoughtful Love of Life, Oxford: Oxford University Press, S. 25 [Übersetzung PD].

[163] Darwin, Charles (2008): Mein Leben, Frankfurt am Main/Leipzig: Insel, S. 98.

[164] Zhuangzi XVII.10, Richard Wilhelm, S. 191.

[165] Gandhi, Mahatma (1996): Selected Political Writings. Edited by Dennis Dalton, Hackett Publishing: Indianapolis/Cambridge, S. 49 [Übersetzung PD].

[166] Zhuangzi, Lin Yutang, in: Ders. (Hg.): Die Weisheit des Laotse, Frankfurt am Main: Fischer, S. 168.

[167] Sehr anregend und erhellend ist an dieser Stelle auch ein Blick in einen der ältesten philosophischen Texte der Menschheit, der zwischen 800 und 500 v. u. Z. entstanden ist: in die UPANISCHADEN. Denn bereits in diesen Texten wird unterschieden zwischen einem scheinbar abgetrennten EGO und dem ATMAN, dem wirklichen SELBST, das mit dem gesamten SEIN immer in Verbindung steht und das ich durch Selbst-Kultivierung in dieser Verbundenheit erfahren kann: Wie ein in Wasser geworfener Klumpen Salz sich auflöst und nicht wieder herausgenommen werden kann, obwohl das Wasser überall, wo wir davon kosten, salzig ist, geradeso […] löst sich das getrennte Einzelselbst im Meer reinen, unendlichen und unsterblichen Bewusstseins auf. Getrenntheit ergibt sich aus dem Identifizieren des Selbst mit dem Körper […] Solange es Getrenntheit gibt, sieht man ein anderes als getrennt von einem selber […].[Brihadaranyaka-Upanischad, in: Easwaran, Eknath (Hg.) (2008): Die Upanischaden, München: Goldmann, S. 12ff.

[168] Bahm, Archie J. (1984): Ethics: The Science of Oughtness. Abbreviated Edition: Albuquerque/New Mexico, World Books, S. 128 [Übersetzung PD].

[169] Gerade dieser hohe Anteil von Selbstreflexion unterscheidet meines Erachtens das Konzept des „weisen Eigennutz" vom so genannten „aufgeklärten Eigennutz", bei dem die subjektive Interessenslage nicht einer Selbst-Reflexion unterworfen, sondern unhinterfragt angenommen wird.

[170] Ellyard, Lawrence (2009): Buddha für das tägliche Leben. Das Dhammapada in zeitgemäßer Übersetzung, Freiamt im Schwarzwald: Arbor, Vers 157, S. 58.

[171] Matthäus-Evangelium 22,39 [Hervorhebung PD].

[172] Tao-Te-King Vers 13, Lin Yutang, S. 75.

[173] Smith, Adam (³1983): Der Wohlstand der Nationen. Eine Untersuchung seiner Natur und seiner Ursachen, München: dtv, S. 17.

[174] Dalai Lama (2006): A New Approach to Global Problems, in: Melvin McLeod (Hg.): Mindful Politics: a Buddhist guide to making the world a better place, Sommerville MA: Wisdom Publications, S. 19 [Übersetzung PD]. Zu einem ähnlichen Ergebnis gelangt auch Ernst HAECKEL in seiner auf DARWINS Evolutionstheorie basierenden "monistischen Sittenlehre", als deren höchstes Ziel er „[…] die Herstellung einer gesunden Harmonie zwischen Egoismus und Altruismus, zwischen Selbstliebe und Nächstenliebe […]" sieht und die Goldene Regel als obersten Maßstab ethischen Handelns postuliert. [Haeckel, Ernst (1984): Die Welträtsel. Gemeinverständliche Studien über monistische Philosophie, Stuttgart: Alfred Kröner, S. 445]. Allerding fehlt bei HAECKEL in klassisch europäischer Denkkultur gänzlich die Perspektive der Selbstkultivierung. Vielleicht ist dies der Grund, warum das vom ihm erdachte ethische Gebilde – das sehr anregend ist – nicht in sein eigenes SELBST übergeht, er sogar sozial-darwinistische sowie militaristische Positionen propagieren und so leicht „[…] dem Hass der Kriegsstimmung" verfallen konnte. [Hemleben, Johannes (1964): Ernst Hackel in Selbstzeugnissen und Bilddokumenten, Reinbek bei Hamburg: Rowohlt, S. 138].

[175] Foerster, Heinz von (1993): Wissen und Gewissen. Versuch einer Brücke, Frankfurt am Main: Suhrkamp, S. 47.

[176] Dogen (2007): Tenzo Kyokun. Anweisungen für den Koch von Zen-Meister Dogen, in: Francois A. Viallet (Hg.): Zen für Küche und Leben. Kommentare zu Zen-Meister Dogens Tenzo Kyokun – Anweisungen für den Koch, Frankfurt am Main: Angkor, S. 27.

[177] Aoyama, Shundo, in: Schmidt-Glintzer, Hellwig (Hg.) (2007): Lektionen der Stille. Klassische Zen-Texte, München: Beck, S. 55f.

[178] Zhuangzi XVIII.1, Richard Wilhelm, S. 194.

GUTES LEBEN: FREUDE – STILLE – LEBENDIGKEIT

[179] Hong Yingming (2014): Gemüse Wurzel Gespräche. Über ein Leben in Balance, Willich: Verlag Bödicker, Vers 334, S. 104.

[180] Uchiyama, Kosho (2007): Erläuterungen, in: Francois A. Viallet (Hg.): Zen für Küche und Leben. Kommentare zu Zen-Meister Dogens Tenzo Kyokun – Anweisungen für den Koch, Frankfurt am Main: Angkor, S. 58.

[181] Ellyard, Lawrence (2009): Buddha für das tägliche Leben. Das Dhammapada in zeitgemäßer Übersetzung, Freiamt im Schwarzwald: Arbor, Vers 131, S. 51.

[182] Zhuangzi XX.6, Richard Wilhelm, S. 214.

[183] Zhuangzi XXV.10, Richard Wilhelm, S. 271.

[184] Beck, Charlotte Joko (1996): Zen, München: Knaur. S. 115.

[185] Lusseyran, Jacques (1982): Das wiedergefundene Licht, Berlin/Wien: Ullstein, S. 285; Frankl, Viktor E. ([29]2008): ... und trotzdem ja zum Leben sagen. Ein Psychologe erlebt das Konzentrationslager, München: dtv.

[186] Tagore, Rabindranath (2009): Sadhana. Der Weg zur Vollendung, Heidelberg/ Leimen: Werner Kristkeitz Verlag, S. 94. Im Vergleich dazu bleibt SCHILLERS Ode *An die Freude* einem dualistisch-theistischen Denkmuster verhaftet – die Freude kommt nicht aus dem SELBST, sondern von oben: „Freude, schöner Götterfunken [...] Diesen Kuss der ganzen Welt! // Brüder – überm Sternenzelt // Muss ein lieber Vater wohnen. [...] // Duldet mutig, Millionen! // Duldet für die beßre Welt // Droben überm Sternenzelt // Wird ein großer Gott belohnen [...]" [Schiller, Friedrich: An die Freude, in: Gesammelte Werke, Band 1, Wien: Caesar Verlag, 1980, S. 158ff.].

[187] Darwin, Charles (2008): Mein Leben, Frankfurt am Main/Leipzig: Insel, S. 124.

[188] Wilson, Timothy u.a. (2014): Just think: The challenges of the disengaged mind, in: Science, Vol. 345/Iss. 6192, S. 75–77.

[189] Turkle, Sherry (2011): Alone Together. Why We Expect More from Technology and Less from Each Other, New York: Basic Books.

[190] Tao-Te-King Vers 45, Knospe/Brändli, o. S.

[191] Tao-Te-King Vers 16, Lin Yutang, S. 85.

[192] Zhuangzi 18.1, Victor H. Mair, S. 206ff.

[193] Tao-Te-King Vers 33, in: Lao Tzu (1996): Tao Teh King, Interpreted as Nature and Intelligence by Archie J. Bahm, Fremont (California): Jain Publishing, S. 36 [Übersetzung PD].

[194] Liezi I.9, Richard Wilhelm, S. 51.

[195] Becker, Ernest (1976): Die Überwindung der Todesfurcht. Dynamik des Todes, Olten: Walter, S. 9.

[196] Zhuangzi VI.1, Richard Wilhelm, S. 86.

[197] Zhuangzi 18.4, Victor H. Mair, S. 210.

[198] Zhuangzi 3.4, Victor H. Mair, S. 67. Es dürfte dabei mehr als ein Zufall sein, dass sich von den angeführten Denkern sowohl VOLTAIRE als auch GOETHE, SCHOPENHAUER, EMERSON und THOREAU mit den asiatischen Denk-Kulturen beschäftigt hatten.

[199] Tao-Te-King Vers 38, Richard Wilhelm, S. 85.

[200] Emerson, Ralph Waldo (1841/1983): Selbstvertrauen, in: Harald Kiczka (Hg.): Ralph Waldo Emerson, Essays. Erste Reihe, Zürich: Diogenes, S. 44.

[201] Darwin, Charles (2008): Mein Leben, Frankfurt am Main/Leipzig: Insel, S. 153.

[202] Mayr, Hans (1997): Die Rolle der Kultur am Ende der bürgerlichen Gesellschaft, in: Hans-Joachim Simm (Hg.): Von der Würde des Menschen. Texte zum Nachdenken, Frankfurt am Main/Leipzig: Insel, S. 125.

[203] Neiye, Vers 2, in: Bödicker, Martin (Hg.) (2014): Innere Übung (Neiye) – Das Dao als Quelle (Yuandao), Willich: Verlag Bödicker, S. 11.

[204] Hesse, Hermann ([25]2013): Der innere Reichtum, in: Volker Michels (Hg.): Die Kunst des Müßiggangs, Kurze Prosa aus dem Nachlaß, Frankfurt am Main: Suhrkamp, S. 178.

[205] Graeber, David (2013): On the Phenomenon of Bullshit Jobs, in: Strike Magazine, August, http://strikemag.org/bullshit-jobs/, Zugriff: 12.April 2015.

[206] Fromm, Erich ([12]1982): Haben oder Sein. Die seelischen Grundlagen einer neuen Gesellschaft, München: DTV, S. 37

[207] Tao-Te-King Vers 46, Knospe/Brändli, o. S. Diese Einsicht findet sich in der hellenistisch-römischen Philosophie etwa bei SOKRATES, SENECA oder bei EPIKUR: „Die schönste Frucht der Selbstgenügsamkeit ist Freiheit." [Epikur (1988): Philosophie der Freude. Briefe, Hauptlehrsätze, Spruchsammlung, Fragmente, Übertragen und mit einem Nachwort versehen von Paul M. Laskowsky, Frankfurt am Main/Leipzig: Insel, S. 89]. Mit seiner *Philosophie der Freude* kommt von allen westlichen Philosophen EPIKUR wohl ZHUANGZI am nächsten. Die meisten Ähnlichkeiten in der Metaphysik zwischen dem Westen und den Daoisten sehe ich bei HERAKLIT. Man könnte auch sagen, EPIKUR ist der europäische ZHUANGZI, HERAKLIT der europäische LAOTSE.

[208] Tho, Ha Vinh (2015): Glücklich sein kann man lernen, in: Frankfurter Rundschau, 19. März, http://www.fr-online.de/panorama/gluecklich-sein--kann-man-lernen,1472782,30168030.html, Zugriff: 27.10.2015

[209] Huainanzi, in: Bödicker, Martin (Hg.) (2014): Innere Übung (Neiye) – Das Dao als Quelle (Yuandao), Willich: Verlag Bödicker, S. 52.

[210] Marx, Karl (1845): Die deutsche Ideologie, in: Marx-Engels-Werke (MEW), Herausgegeben vom Institut für Marxismus-Leninismus beim ZK der SED, Bd. 1–43, Berlin: Dietz-Verlag, 1956 ff., Band 3, S. 33.

[211] Bucher, Anton (2012): Geiz, Trägheit, Neid & Co. in Therapie und Seelsorge. Psychologie der 7 Todsünden, Heidelberg: Springer.

[212] Zhuangzi 29.2, Victor H. Mair, S. 345. Das soll nicht bedeuten, dass Menschen, die durch nicht-ausbeuterische sowie für die Gemeinschaft wertvolle Arbeit – etwa ein Unfallchirurg oder ein ressourcenschonender Bio-

Bierbrauer – wohlhabend geworden sind, dies nicht auch sein sollen. In diesem Falle halte ich sogar eine Vermögenssteuer für ungerecht. Es kommt vielmehr immer darauf an, auf welche Weise ein Mensch reich geworden ist. Von daher müsste gute Politik nicht ein Vermögen, sondern den Weg hin zu Vermögen entsprechend mit (Öko-)Konsum-Steuern steuern, Lohn-Dumping verhindern und Steuerhinterziehung konsequent bestrafen. Sinnvoll erschiene mir zudem ein Einheitssteuersatz (flat tax), der so gestaltet werden müsste, dass Abschreibungs-Möglichkeiten für private und vor allem juristische Personen weitgehend abgeschafft werden könnten. Um allen Menschen zudem gleiche Start-Bedingungen im Erlangen von Wohlstand zu ermöglichen, müssten auch Erbschaften stark besteuert oder gar die Möglichkeit, Vermögen zu vererben abgeschafft werden [so z.B. Rollhäuser, Lorenz (2014): Erbschaft abschaffen? Ein feudales Relikt in der Diskussion, in: Deutschlandradio Kultur – Zeitfragen 10.11.2014, 19:30 Uhr (Archiv), http://www.deutschlandradiokultur.de/soziales-erbschaft-abschaffen.976.de. print?dram:articleid=302723, Zugriff: 23.05.2016].

[213] Galtung, Johan (1998): Frieden mit friedlichen Mitteln. Friede und Konflikt, Entwicklung und Kultur, Opladen: Leske und Budrich, S. 24.

[214] Tao-Te-King Vers 53, Knospe/Brändli, o. S. In der Ablehnung von Ausbeutung jeder Art unterscheidet sich die politische Philosophie des Daoismus grundlegend etwa von der des ARISTOTELES, der die Ausbeutung von Sklaven und Frauen sehr wohl billigte [Aristoteles (^{4}1981): Politik, herausgegeben und übersetzt von Olaf Gigon, München: dtv]. Von daher ist es mir nach wie vor unverständlich, dass ARISTOTELES in der gegenwärtigen westlichen politischen Philosophie – wie etwa in den Arbeiten von Martha Nussbaum – als ein zentraler Bezugspunkt der Debatte um das gute Leben fungiert [Nussbaum, Martha C. (1999): Gerechtigkeit oder Das gute Leben, Frankfurt am Main: Suhrkamp].

[215] Hell, Daniel (^{2}2010): Die Wiederkehr der Seele. Wir sind mehr als Gehirn und Geist, Freiburg/Basel/Wien: Herder, S. 15.

[216] Seymour, John (1998): Vergessene Künste. Bilder vom alten Handwerk, Stuttgart: Urania Verlag, S. 6.

[217] Dänzer, Walter A. (^{2}2015): Die unsichtbare Kraft in Lebensmitteln. BIO und NICHTBIO im Vergleich, Schlieren-Zürich: Verlag Bewusstes Dasein.

[218] Liezi VIII.28, Richard Wilhelm, S. 241.

[219] Sutton, Robert I. (2007): Der Arschloch-Faktor. Vom geschickten Umgang mit Aufschneidern, Intriganten und Despoten im Unternehmen, München: Hanser.

[220] Zhuangzi, Lin Yutang, S. 160.

[221] Lü Yan zit. in: Cleary, Thomas (Hg.) (2012): Die Drei Schätze des Dao. Über Harmonie von Körper, Geist und Seele, Berlin: edition steinrich, S. 147.

222 Ehei Dogen [Dogen Zenji; PD] (^{4}2011): Unterweisungen zum wahren Buddha-Weg. Shobogenzo Zuimonki, Heidelberg: Werner Kristkeitz, S. 84.

223 Emerson, Ralph Waldo (1841/1983): Selbstvertrauen, in: Harald Kiczka (Hg.): Ralph Waldo Emerson, Essays. Erste Reihe, Zürich: Diogenes, S. 60.

224 Zhang Goduan, zit. in: Pas, Julian F. (Hg.) (2001): Taoismus, Freiburg im Brsg.: Hermann Bauer, S. 194.

225 Huainanzi, in: Bödicker, Martin (Hg.) (2014): Innere Übung (Neiye) – Das Dao als Quelle (Yuandao), Willich: Verlag Bödicker, S. 42. Ein ähnlicher Gedankengang findet sich im Westen vor allem in der *Ethik* des SPINOZA: „Daraus ersehen wir klar, wie weit jene von der wahren Schätzung der Tugend entfernt sind, die für Tugend und gute Handlungen wie für sehr schwere Dienstleistungen die höchsten Belohnungen von Gott erwarten; als ob die Tugend und der Dienst Gottes nicht selbst schon das Glück und die höchste Freiheit wären." [Spinoza: Ethik. Aus dem Lateinischen von Jakob Stern. Herausgegeben von Helmut Seidel, Leipzig: Philipp Reclam jun., 1975, S. 153]. Im Gegensatz hierzu und ganz im Sinne der christlich-theistischen heteronomen Ethik liegt die Begründung für gutes Handeln bereits bei SOKRATES in der Belohnung mit einem guten Platz im Jenseits: „Die Seele aber, die rein und maßvoll ihr Leben verbracht hat, bekommt Götter zu Begleitern und Führern, und jede erhält den Wohnsitz, der ihr zukommt." [Platon (2004): Apologie – Kriton – Phaidon, Düsseldorf/Zürich: Artemis & Winkler, S. 151].

226 Konfuzius, Lun Yü IV.8, Richard Wilhelm, S. 60.

227 Zhuangzi 2.12, Victor H. Mair, S. 65.

228 Cleary, Thomas (Hg.) (1991): Das Tao der Politik, München/Wien: O.W. Barth, S. 18.

229 Hume, David (2009): Über den Freitod, in: Ders.: Über den Freitod und andere Essays. Ausgewählt und mit einem Nachwort versehen von Manfred Kuhn, München: dtv/Beck, S. 20ff.

230 Zhuangzi, Lin Yutang, S. 132.

CARE

231 An dieser Stelle zeigt sich die Engführung der klassischen, im feministischen Diskurs insbesondere aus den Arbeiten von Carol GILLIGAN und Susan RUDDICK entwickelten *Care-Philosophie*, die eine Handlungsethik in erster Linie aus zwischenmenschlichen Fürsorge-Beziehungen ableiten möchte. Erst in letzter Zeit weitet dieser Diskurs seine im Grunde eurozentristische sowie anthropozentrische Perspektive und erkennt, dass im asiatischen Raum der Care-Gedanke von Anbeginn Teil der dort entwickelten Ethiken war, dabei allerdings immer auch aus einer Care-Haltung zur Natur und zum SELBST begründet wurde [vgl. McWeeny, Jennifer/Butnor, Ashby (Hg.)(2014): Asian and Fe-

minist Philosophies in Dialogue, New York: Columbia University Press; s. a. Warner, Jisho/Okumura, Shohaku/McRae, John/Leighton, Taigen Dan (Ed.) (2001): Nothing Is Hidden. Essays on Zen Master Dogen's Instructions for the Cook, New York Tokio: Weatherhill].

[232] Liezi VIII.16, Richard Wilhelm, S. 170. In der politischen Philosophie des Westens findet sich eine solche Betonung der mikropolitischen Ebene der Selbststeuerung und Selbstkultivierung als Grundlage guter Politik insbesondere bei EPIKUR, ansatzweise bei den Stoikern (EPIKTET und SENECA), bei Johann Wolfgang v. GOETHE, bei John Stuart MILL und vor allem bei Henry David THOREAU. Auch Karl POPPER geht davon aus, „[...] daß der Fortschritt bei uns liegt, daß er abhängt von unserer Wachsamkeit, von unseren Anstrengungen, von der Klarheit, mit der wir unsere Ziele vorstellen, sowie auch vom Realismus unserer Entscheidungen." [Popper, Karl ([8]2003): Die offene Gesellschaft und ihre Feinde. Band 2: Falsche Propheten: Hegel, Marx und die Folgen, Tübingen: Mohr Siebeck, S. 328].

[233] Tao-Te-King Vers 63, Knospe/Brändli, o. S.

[234] In dieser „[...] Abkehr und Absonderung von der Zusammengehörigkeit alles Seienden" kann man das erkennen, was westliche Theismen als *Sünde* verstehen. [Panikkar, Raimon (2002): Einführung in die Weisheit, Freiburg/ Basel/Wien: Herder, S. 17].

[235] Buber, Martin ([9]2002): Elemente des Zwischenmenschlichen, in: Ders.: Das dialogische Prinzip, Gütersloh: Gütersloher Verlagshaus, S. 280ff.

[236] Gruen, Arno (2006): Verratene Liebe – Falsche Götter, München: dtv.

[237] Vor diesem Hintergrund formulierte die UNESCO im Rahmen der *Internationalen Dekade einer Friedenskultur und für Gewaltfreiheit für Kinder (2001 bis 2010)* als zentrale Voraussetzung für den Aufbau einer Friedenskultur „Learning to care" sowie „ [...] tolerate the differences and circumstances of others". [Mayor, Federico (1999): The New Page. The Culture of Peace: A new Beginning, Oxford: UNESCO Publishing, S. 22ff.].

[238] Zhuangzi 19.1, Victor H. Mair, S. 214.